学校司書のための
学校教育概論

野口武悟・鎌田和宏 [編著]

Introduction to School Education for School Librarians

樹村房

はじめに

　長年の懸案だった学校司書の法制化が改正「学校図書館法」の施行によって2015(平成27)年4月に実現した。それ以前から学校司書に相当する職務に従事する職員を置く学校は多かったものの，ようやく法的な位置づけが明確になったわけである。
　これまで，そして現在も，学校司書の採用にあたって，どのような資格や経験を求めるかは，教育委員会（公立学校の場合）や学校法人（私立学校の場合）によってさまざまである。司書や司書教諭といった資格の保有を求めるところもあれば，資格や経験の有無は一切問わないところもある。また，採用後の研修の有無や研修の実施回数・内容等にもバラツキが大きい現状にある。改正「学校図書館法」では，第6条第2項において「国及び地方公共団体は，学校司書の資質の向上を図るため，研修の実施その他の必要な措置を講ずるよう努めなければならない」と定めているので，今後，公的な研修の機会が増え，内容が充実することを期待したいところである。
　しかし，それを待つだけでなく，学校司書自身の日々の自己研修・研鑽がとても大切である。特に，学校教育についての基礎・基本の理解を深めることは，学校職員の一員である学校司書には欠かせない。とはいえ，大学における司書の養成科目には「生涯学習概論」はあっても，「学校教育概論」は存在しない。そのため，司書の資格を持って，あるいは公共図書館での勤務経験を経て，学校図書館の現場に入った人は学校や学校教育に関して"?"を感じることが多々あるのではないだろうか。資格や経験のないままに学校司書となった人にとっては，なおさらだろう。そこで，本書は，これら学校や学校教育に関する"?"を現職の学校司書が解決するのに役立ててもらえるように編んだ。タイトルに「学校司書のための」とあるのは，そのためである。学校司書の自己研修・研鑽のツールとして，ぜひ有効活用してほしい。
　同時に，本書は，大学で新しく始まった学校司書の養成科目「学校教育概論」のテキストとして活用してもらえるように編んだ。2016(平成28)年11月に

文部科学省より通知された「学校司書のモデルカリキュラム」では，10科目20単位が示されている。そのなかの1つに「学校教育概論」が位置づけられている。「学校司書のモデルカリキュラム」では，教職課程の教科及び教職に関する科目のうち，以下の内容を含む科目をすべて履修した場合は，「学校教育概論」を履修したものと読み替えることが可能としている（2019年4月から適用）。すなわち，教育の基礎的理解に関する科目のうち，

- 「教育の理念並びに教育に関する歴史及び思想」の事項を含む科目
- 「幼児，児童及び生徒の心身の発達及び学習の過程」の事項を含む科目
- 「特別の支援を必要とする幼児，児童及び生徒に対する理解」の事項を含む科目
- 「教育課程の意義及び編成の方法（カリキュラム・マネジメントを含む。）」の事項を含む科目

の4つの科目である。

換言すれば，「学校教育概論」には，これら4つの科目の内容をすべて含んでいる必要がある。また，「学校司書のモデルカリキュラム」には，各科目のねらいと内容も示されている。これらをふまえて，本書は，学校教育の基礎・基本を漏れなく学べる構成とした。

これから学校司書を目指す人も，すでに学校司書として活躍している人も，学校教育の入門書ともいえる本書を傍らに置いて今後の勉学や実務に役立ててもらえれば，編著者として嬉しい限りである。

編著者　野口　武悟
　　　　鎌田　和宏

学校司書のための学校教育概論
もくじ

はじめに　*iii*

I部　子どもの発達と学習のプロセス

1章　発達の理論とプロセス……………………………………………*2*
1.1　発達とは　*2*
1.2　発達の理論　*5*
1.3　乳幼児期の発達　*9*
1.4　児童期・青年期の発達　*14*

2章　発達障害の理解と支援……………………………………………*20*
2.1　発達障害とは　*20*
2.2　発達障害の支援　*28*

3章　学習の理論と学習指導……………………………………………*31*
3.1　学習とは　*31*
3.2　学習の基礎理論　*33*
3.3　学習指導の理論と方法　*40*

4章　教育の測定と評価…………………………………………………*48*
4.1　教育評価とは　*48*
4.2　テスト：学力の測定　*51*
4.3　教育評価の種類とはたらき　*54*

▶コラム1：いっしょにうたおう，はずんじゃおう！　*58*

Ⅱ部　学校教育の理念，思想と歴史

5章　教育の本質と目的 ……………………………………………………62
5.1　"教育＝学校"なのか　62
5.2　教育とは何か　62
5.3　学校における教育　69
5.4　生涯学習時代の教育のあり方　74

6章　学校教育の思想と歴史(1)：西洋 ………………………………75
6.1　近世以前の学校　75
6.2　近代国家の成立と学校　77
6.3　20世紀以降の学校教育の展開　79
　補説：東洋の学校教育の歴史　80

7章　学校教育の思想と歴史(2)：日本 ………………………………83
7.1　江戸時代以前の学校　83
7.2　近代化と学校　86
7.3　第二次世界大戦前の学校教育の展開　88
7.4　第二次世界大戦後の学校教育の展開　91

▶コラム２：特別支援学校における学校司書の活動　97

Ⅲ部　教育課程の意義と編成

8章　教育課程の意義と構造 ……………………………………………100
8.1　教育課程とは何か　100
8.2　教育課程の構成　104

9章　「学習指導要領」と教育課程編成の実際 ……………………108
9.1　「学習指導要領」とは何か　108
9.2　「学習指導要領」の構造　109

9.3　学校での教育課程編成の実際　　*116*

10章　教育課程と学校図書館：「学習指導要領」の変遷と学校図書館 ……*119*
　10.1　「学習指導要領」改訂の概略　　*119*
　10.2　「学習指導要領」改訂と学校図書館　　*121*
　10.3　学力観の転換と学校図書館への注目：
　　　　平成の「学習指導要領」改訂　　*125*
　10.4　新「学習指導要領」と学校図書館　　*128*

　▶コラム３：授業とかかわっていくために　　*137*

Ⅳ部　学校教育の仕組み，現状と課題

11章　教育法令・制度・行政と学校 ……………………………………*140*
　11.1　教育に関する法令と制度　　*140*
　11.2　教育に関する行政　　*143*
　11.3　学校教職員の資格と養成　　*148*
　11.4　学校建築と施設　　*152*

12章　教職員の服務と校務分掌 ………………………………………*153*
　12.1　学校組織と教職員の職責　　*153*
　12.2　教職員の職務と研修　　*157*
　12.3　教職員の職務分担と公文書管理　　*160*

13章　現代社会における学校の課題と展望 …………………………*162*
　13.1　中央教育審議会答申にみられる現代社会における
　　　　教育の課題　　*162*
　13.2　学校現場からみた学校の課題　　*167*
　13.3　教育の課題　　*171*

14章　学校教育における学校司書の役割と可能性 ……………………… *174*
   14.1　学校司書の歴史　*174*
   14.2　学校図書館が不可欠な学校教育　*177*
   14.3　学校教育における学校司書の役割　*179*
   14.4　学校教育における学校司書の可能性　*180*

   ▶コラム４：学校図書館を使ってもらいたい！　そのために学校司書が
          できること　*186*

   おわりに　*188*

   ［資料］
     1：日本国憲法（抄）　*190*
     2：教育基本法　*192*
     3：学校教育法（抄）　*195*
     4：小学校学習指導要領　総則（抄）　*199*
     5：学校図書館法　*207*

   さくいん　*209*

I部　子どもの発達と学習のプロセス

1章
発達の理論とプロセス

　子どもは，日々，大人へと発達し変化する存在であるとともに，その大人とは異なるユニークな存在である。そのため，学校・教育に関わる関係者は，その独自な存在を尊重しつつ，発達し変化する過程を教育・支援する必要があるだろう。本章では，心理学的観点から，子どもの発達についての用語を整理したうえで，代表的な理論を概説し，知性，人格，対人関係などの人間の心の諸領域にわたる乳幼児，児童・青年の発達的プロセスの基礎を解説する。

1.1　発達とは

1.1.1　発達と成長

　発達とは，一般には，子どもが生まれ大人になることと考えられている。しかし，心理学では「生命の誕生から死に至るまでの，生活体と環境との相互交渉を通じた，心身の機能や構造の分化・統合の過程」[1]と定義していように，子どもが生まれ大きくなり成人に達するまでの"進歩的変化"だけではなく，年を取り死に至るという"退歩的変化"をも含む概念である。
　また，発達と類似した言葉に，成長や成熟がある。発達が「言葉をしゃべるようになる」「歩けるようになる」というような質的な変化をさすのに対して，成長は「背が伸びる」「体重が増える」というような量的な変化を指す概念で

1：山本多喜司監修『発達心理学用語辞典』北大路書房，1991.

ある。また，発達は，成熟と学習とに区分され，成熟が遺伝的に規定され，経験や環境の違いの影響を受けない側面をさすのに対して，学習は環境によって規定され，その中での経験によって変化する側面をさす。

1.1.2 遺伝と環境

　成熟と学習の区分が示すように，発達の要因には，遺伝と環境がある。

　遺伝とは，親から子へあるいは生物種に受け継がれる素質であり，私たちはその遺伝的素質を受け継いでいるために，身体的にも心理的にも親と似ることになる。一方，環境とは一般に生体を取り巻く外部の事物をいい，私たちは環境にあるさまざまな物事を経験することで発達をとげる。

　心理学では，過去において，遺伝と環境のどちらの要因が発達に強く影響するかによって，生得説と経験説の対立があった。生得説とは，遺伝的要因を重視する立場で，発達は遺伝的素質によって生得的に決定されていると考える。代表的な理論にゴールドン（Galton, Francis 1822-1911）の遺伝説，ゲゼル（Gesell, Arnold Lucius 1880-1961）の成熟優位説などがある。一方，経験説は，人間は白紙（タブラ・ラサ）の状態で生まれ，どのように発達するかは環境の中での経験によって決定するという考えである。代表的な理論にワトソン（Watson, John Broadus 1878-1958）の環境主義がある。これらに対して，発達には遺伝と環境の両者が必要であるという考え方がある。シュテルン（Stern, William 1871-1938）は，遺伝的要因と環境的要因が加算的に作用し両者が収束して発達に影響するという輻輳説を提唱した。また，ジェンセン（Jensen, Arthur Robert 1923-2012）は，遺伝的要因と環境的要因のどちらが強く発達に影響するかは知能や学力，絶対音感などの特性によって異なるという環境閾値説を提唱した。さらにローレンツ（Lorenz, Konrad Zacharias 1903-1989）やピアジェ（Piajet, Jean 1896-1980）らは，遺伝と環境が単なる加算ではなく，互いが相乗的に作用し合って発達を促すと考える相互作用説を提唱している。現在の心理学では，相互作用説が主流である。

表1-1 各研究者の発達段階

	ピアジェ（知能）	フロイト（人格）	エリクソン（人格）
乳児期	感覚運動期	口唇期	乳児期
		肛門期	
幼児期	前操作期	男根期	幼児前期
			幼児後期（遊戯期）
児童期	具体的操作期	潜在期	学童期
青年期	形式的操作期	性器期	青年期
成人期			成人前期
			成人後期
老年期			老年期（円熟期）

1.1.3 発達段階と発達課題

　遺伝的要因や環境的要因の影響で，発達の速さには違いがあるが，その方向には一定の順序がある。この順序を各年齢の身体的・心理的特徴によって段階的に区分したものを発達段階という。発達段階は，各研究者が関心をもつ発達の側面によって違いがあるが（表1-1），一般的に次のように区分されることが多い。①新生児期（誕生〜1カ月），②乳児期（1カ月〜1歳），③幼児期（1歳〜6歳），④児童期（6歳〜12歳），⑤青年期（12歳〜20歳頃），⑥成人期（20歳頃〜65歳），⑦老年期（65歳〜死）。また，発達は胎児の頃から始まっているという考えから，新生児期の前に胎児期を加える場合もある。さらに，成人期や老年期を前期と後期に区分し，前期成人期，後期成人期，前期老年期，後期老年期とする研究者もいる。

表1-2　乳児期・幼児期の発達課題

(1) 歩行の学習
(2) 固形の食物をとることの学習
(3) 話すことの学習
(4) 大小便の排泄を統御することの学習（排泄習慣の自立）
(5) 性の相違及び性の慎みの学習
(6) 生理的安定の獲得
(7) 社会や事物についての単純な概念形成
(8) 両親，兄弟及び他人に自己を情緒的に結びつけることの学習
(9) 正・不正を区別することの学習と良心を発達させること

出典：Havighurst, R. J. *Human development and education.* New York: Longmans & Green. 1953. より作成

　これら発達段階では，それぞれの段階で習得しなければならない課題がある。そのような課題を発達課題という。ハヴィガースト（Havighurst, Robert James 1900-1991）は，各発達段階における発達課題を列挙し（表1-2は乳児期・幼児期の発達課題），ある段階で必要な課題を達成すればつぎの発達段階の課題の達成も容易になるが，達成しなければ社会から承認されず，次の発達段階の課題を成し遂げるのも困難になると考えた。しかし，人間の発達の速さには個人差があるとともに，その後の学習や経験，環境条件によって改善する可能性があることから，発達課題をあまり窮屈に考えず，発達の一つの目安とするとよい。

1.2　発達の理論

1.2.1　ピアジェの認知的発達理論

　スイスの心理学者ピアジェは，子どもの成熟する力と環境に対して働きかける能動的な力との相互作用を強調し，さまざまな認知発達について精力的に研究を行った。彼の発達理論を考えるにあたり，基本的な概念となるものが，シェマと同化と調整である。シェマは，外界に働きかけるための知識構造で，行

表1-3 ピアジェの知的発達段階

段階	年齢	特徴
感覚運動期	誕生～2歳	自分の身のまわりの世界に対し，動作を中心としながら適応する。身振りや叫び声や動きを通じて人々やものと相互に作用しあう
前操作期	2～7歳	感覚運動的活動の代わりとして，イメージ，身振り，言語などを用いるが，論理的思考は困難である
具体的操作期	7～12歳	自分自身の具体的な経験に基づいてならば論理的思考が可能となる。しかし，抽象化されたものを扱うことは困難である
形式的操作期	12歳以降	直接的に体験していない抽象的事柄についても論理的に推論することが可能となる

出典：田中元基「発達の諸理論」山村豊・青木智子編著『学びのための心理学』北樹出版，2015，p.27.

動の下書きとなる。同化は，シェマを使って，新しい事実を理解し自分のシェマに取り込むことをいう。そして，調整は，新しい事柄や環境に適応するため，すでにもっているシェマを変えることをいう。たとえば，幼児が生卵をつかみ，割ってしまったとしよう。このとき，幼児は「握る」という既存のシェマを使い，生卵を割ることで，「強く握ると割れる」という生卵の性質や特徴を同化する。そして，「握る」という既存のシェマを調整によって「強く握る」と「弱く握る」に分化させ，新しいシェマを獲得することで，生卵を割らずに持つことができるようになる。このように環境への能動的な働きかけを通じて既存のシェマを変化させていく一連の過程を均衡化といい，この均衡化が認知と行動の発達の原動力となる。さらにピアジェは，シェマの複雑さの程度によって，認知の発達段階を表1-3のように4段階に区分した。この発達段階説によれば，当初，感覚や運動でしか環境にアプローチできなかった子どもが，言語やイメージを獲得することで論理性や抽象性を段階的に発達させ，12歳頃には大人と同じレベルの推論が可能になる。

1.2.2 フロイトとエリクソンの人格発達心理学

　心理学における人格（パーソナリティ）とは，行動や欲求，認知や態度の一貫性，すなわち「その人らしさ」を示す概念であると同時に，環境に適応するための適応機制の意味をもつ。この適応機制としての人格の形成について，オーストリアの精神科医であり精神分析の創始者であるフロイト（Freud, Sigmund 1856-1939）は，幼児期の体験を重視した理論を提唱した。彼は，人格が原始的な欲求・衝動（リビドー）や幼児期に抑圧された観念からなるエス（イドともいう）と，外的環境に適応しつつエスの欲求・衝動を発散させる自我，そして道徳心や良心にしたがってエスや自我を監視し検閲する超自我の3つの領域から構成されるとし，これら人格の構成領域のうち，自我と超自我は幼児期における親子間の信頼関係や愛着関係によって形成されていくと考えた。すなわち，誕生時には生得的なエスしかなく，自らの食欲と睡眠欲を満たすだけであった子どもは，周囲とのかかわりの中から自己と他者を区別することで，1歳頃に自我を分化させる。さらに，4～5歳頃に両親からのしつけを内面化することで超自我を分化させる。さらに，彼はエスの欲求・衝動が集中する身体部位の変化から人格の発達段階を表1-4のように5段階に区分し，各発達段階において欲求・衝動が充足されなかった場合，欲求・衝動がその段階にとどまり，人格形成に影響を及ぼすと考えた。

　一方，同じ精神分析家のエリクソン（Erikson, Erik Homburger 1902-1994）は，フロイトの理論を継承しつつ，社会・文化的視点や生涯発達（ライフサイクル）的視点を加えた人格発達理論を提唱した。エリクソンは，人格は各発達段階での重要な人物や環境との関わりの中で生じる心理社会的危機を乗り越えることで発達課題を達成していくと考えた。そして，発達段階を図1-1のように乳児期から老年期までの8段階に区分したうえで，各段階における心理社会的危機を設定した。たとえば，乳児期の発達課題は，不快な状況になった際に，養育者が適切に対応することで安心を得られる経験を通して，周囲の世界に対する基本的信頼感を獲得することである。反対に，不快な状況が解消されず，自分の欲求が満たされない状態が続くことを多く経験すると周囲の世界に

表1-4　フロイトの人格発達段階

段階	年齢	内容
口唇期	生後～1歳半	母親から乳を与えられる時期。リビドーが口唇の活動を通じて充足される。乳児は口唇を使い，吸うという行為を通して環境との交流をはかる
肛門期	1歳半～3歳	トイレットトレーニングなどを通じ，排泄機能のコントロールを求められることによって，生物学的欲求と社会的欲求の間の葛藤を体験する時期。排泄のコントロールが可能となることで，環境に対する主張的で能動的な行動が可能になる
男根期	3～6歳	性的関心が異性の親に向けられ，同性の親に対する敵意や競争心を抱く（エディプス・コンプレックス）。同性の親に対する同一視を通してエディプス・コンプレックスを乗り越え，性役割を獲得する
潜伏期	6～12歳	リビドーが水面下に隠れ，関心は学校といった家庭以外の領域に向けられる。同性の友人との社会的に受容される活動に従事する
性器期	12歳以降	口唇，肛門，男根といった身体部位ごとに向けられたリビドーが統合され，全人格的な性愛が完成する。身体的にも成熟し，パートナーとの関係によってリビドーが充足される

出典：田中元基「発達の諸理論」山村豊・青木智子編著『学びのための心理学』北樹出版，2015, p.23.

基本的不信感を抱くという危機に陥ることになる。発達課題は，基本的不信感よりも基本的信頼感を多く経験することで達成される。エリクソンの人格発達理論において，心理社会的危機は，適応に向かうプラスの力と不適応に向かうマイナスの力が拮抗した状態にある。そして，周囲の人物や環境との関わりを通じ，プラスの力が相対的にマイナスの力よりも強くなることで危機を脱し，人格の強さが備わり，より適応した人格に発達していくことになる。一方，相対的にマイナスの力が強くなった場合には，人格の強さは備わらず，さらに後の段階で多くの発達上の困難に出会い，不健康で不適応的な人格が形成されることになる。

老年期								統合 対 絶望
成人後期							世代性 対 停滞	
成人前期						親密 対 孤立		
青年期					自我同一性 対 自我拡散			
学童期				勤勉性 対 劣等性				
幼児後期 (遊戯期)			自主性 対 罪悪感					
幼児前期		自律性 対 恥, 疑惑						
乳児期	基本的信頼 対 基本的不信							
人的活力:	希望 hope	意志 will	目的 purpose	有能 competence	忠誠 fidelity	愛 love	世話 care	知恵 wisdom

図1-1 エリクソンの発達段階心理社会的危機

出典：Erikson, E. H. *The lifecycle completed: A review*. W. W. Norton & Company. 1997, pp.56-57 (一部改変).

1.3 乳幼児期の発達

1.3.1 人間の新生児の特徴

　鳥類や人間以外の哺乳類の新生児の特徴は，スズメやネズミのように感覚機能も運動機能も未熟な就巣性と，タカやウマのようにそれら機能が成熟している離巣性に分類される。一方，人間は，視覚や聴覚などの感覚機能は成熟しているが，運動機能は未熟なまま生まれてくる。この人間の新生児の特徴を，二次的就巣性という。二次的就巣性の特徴をもつ理由としては，進化の過程にお

表1-5 主な原始反射

口唇探索反射	口元を軽くつつくと，つつかれた方向に頭を向ける
吸てつ反射	口の中に入ったものを吸う
嚥下反射	吸てつ反射で吸ったものを飲み込もうとする
把握反射	手のひらを押すと，指を曲げてにぎりしめようとする
モロー反射	仰向けに寝かせ，頭の支えを急にはずすと，両腕を広げ，それに続いてゆっくりと何かを抱きかかえるように腕が動く
歩行反射	わき下で身体を支え，床に立たせると，歩くようにステップを踏む

いて胎児の大脳が大型化し，生理的早産になったためだと考えられる[2]。

人間の新生児の感覚機能が成熟している例として，選好注視実験がある[3]。この実験で，生後48時間以下の新生児の顔や新聞紙，色などの刺激に対する注視時間を測定したところ，特に顔刺激を好んで注視し続けることが明らかになった。これは，新生児が好みに応じて刺激を識別できることを意味する。

一方，人間の新生児は手足を随意的に運動させることができないが，反射と呼ばれる刺激に対する自動的で定型的な運動反応は多くみられる。それらの中でも，新生児期から乳児期にだけにみられる反射を原始反射という。原始反射は多くの種類があるが（表1-5），生後4〜6カ月頃に消失する。これは，大脳が成熟し随意運動が可能になったためである。

1.3.2 認知の発達

感覚運動期のうち出生から1カ月半までは，乳幼児は反射を繰り返し行使することにより，自分や自分を取り巻く世界を認知しようとする。このように外界を認知するために既存の行動を繰り返すことを循環反応という。乳幼児は，当初，自分の身体を動かすことに関心を示して循環反応を行うが，主な行動が反射から随意運動へと変化する4カ月から8カ月にかけて，「吸う」「つかむ」「声を出す」といった目的や結果をもった行動を繰り返すようになる。さらに，

2：Portmann, A. Biolgische *Fragments zu einer Lehre vom Menschen*. Verlag Benno Schwabe & Co. 1951.
3：Fantz, R. L. Pattern vision in newborn infants. *Science*, 140, 296-297. 1963.

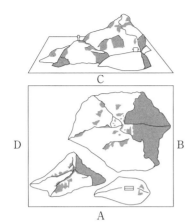
子どもをAの位置に座らせ，対面のCの位置に人形を座らせる。そして，人形の位置からは山がいくつ見えるかを尋ねる課題。子どもの座ったAの位置からは山が3つ見えるが，Cの位置は手前の大きな山が邪魔をして2つしか見えないが，前操作期の子どもは，3つの山が見えると答えてしまう

図1-2　三ツ山問題
出典：Piaget, J. & Inhelder, B. *La représentation de l'espace chezl'enfant.* Paris：Presses Universitaires rie France. 1948. English translation. 1956. p.211.

　生後8カ月から12カ月頃になると幼児は対象の永続性を獲得する。対象の永続性とは，対象が移動したり隠されたりして見えなくなっても，その対象は存在し続けることを知っていることをいう。たとえば，玩具を布で覆って隠した場合，生後8カ月以前の幼児は「玩具はなくなった」と認知するが，対象の永続性を理解した幼児は覆っている布をめくり，玩具を探し出す。
　つづく前操作期では，その前半（2〜4歳）において，対象を心の中にイメージする表象機能と，表象を何か別なものに置き換える象徴機能が発達する。たとえば，2歳前後から幼児は同時に模倣する対象が目の前になくても模倣できる延滞模倣や，空き箱や積み木を電車や自動車に見立てて遊ぶ象徴遊びを行うようになる。その一方，三ツ山課題（図1-2）に示すように，幼児は自分自身を他者の立場に置いたり，他者の視点を理解したりできないなどの認知上の限界がある。この幼児の特徴を自己中心性という。その他の知性の特徴として，「電車は動くから生きている」というように物にも自分と同じように生命があると考えるアニミズムや「ぼくの家には電車のオモチャがあるから，ユウシンの家にもあるはずだ」というように，自分の身のまわりに存在するものは，どこにでも存在すると考える実在論などがある。

1.3.3 言語の獲得

　感覚運動期の前半で「あう」「ばぶ」などの無意味な2音以上からなる喃語(なん)しか発しなかった子どもは，1歳半を頃より語彙が急速に増加させていく。これを語彙爆発という。また，当初は「パパ」「ママ」などの一語文であったものが，1歳半頃より2つの単語を組み合わせた二語文，2歳頃には三語文や多語文を発するようになり，3〜4歳頃には，「パパおうちにいるよ。でも仕事して遊んでくれない」というように，接続詞を用いて文を構成するようになる。

　ところで，言語は，他者とコミュニケーションをするための外言としての機能をもつとともに，自分の行動を調整，促進，抑制するための内言としての機能をもつ。外言は発声を伴うが，内言は思考の道具であるため発声を伴う必要はない。しかし，幼児期の子どもは，集団内で「どうしようかな？　あっ，こうしよう！」というように，コミュニケーションとしての機能を伴わない集団的独言を頻繁に発声する。これについて，ピアジェは，前述した自己中心性が示すように，幼児は自己と他者の視点を区別できないため，内言を発声すると考えた。この発声された内言を自己中心的言語という。これに対して，旧ソビエトの心理学者ヴィゴツキー（Vygotsky, Lev Semenovich 1896-1934）は，子どもは外言，すなわちコミュニケーションの手段としての言語が発達の過程で内言化することで思考を形成するという観点から，集団的独言は内言が十分に発達していない段階で生じると考えた。すなわち，ピアジェが内言としての思考が発達することで外言が形成されると考えたのに対して，ヴィゴツキーは双方向的なコミュニケーション手段である外言を介して内言としての思考が発達すると考えたのである。

1.3.4 愛着の形成

　乳幼児が基本的信頼を獲得するためには，養育者は乳幼児の欲求を満たし，不快を解消しなければならない。それは，空腹を満たし睡眠を与えることだけではなく，安心感のような情緒的つながりも含まれる。ハーロー（Harlow, Harry 1905-1981）は，アカゲザルの子どもに，胸に授乳装置のついた針金製

の母（ワイヤーマザー）と授乳装置のない毛布で包まれた母（クロスマザー）を与え，どちらと一緒に過ごすかを観察したところ，空腹時以外はクロスマザーと過ごすことを明らかにした。これらは，子どもが養育者に対して情緒的なつながり，すなわち愛着を求めていることを意味する。

精神科医のボウルビィ（Bowlby, John 1907-1990）は，この愛着を愛着行動と愛着関係に区別したうえで，子どもと養育者の相互的関係の中から段階的に形成されると提唱した。愛着行動とは，養育者に対して泣いたり，微笑んだり，接近したり，抱きついたりするような，子どもが保護・養育を求める具体的な行動をいう。一方，愛着関係とは，愛情や信頼感といった子どもが養育者に対してもつ内的な感情や対人関係である。生後2～3カ月までは，子どもは誰に対しても愛着行動を示す。しかし，生後3～6カ月頃には，日常生活の中で多くのかかわりのあった特定の人物（主に養育者）だけに対して愛着行動を示す。つづいて，生後8カ月～2・3歳頃になると，養育者に対して積極的な愛着行動が生じるとともに，養育者が目の前からいなくなると不安を感じて泣く分離不安や，知らない人を恐れたり警戒したりする人見知りがみられる。この間，子どもは養育者を安全基地として，自分の周囲を探索しつつ不安を感じたら養育者の元に戻って愛着行動を示すことを繰り返し，世界を広げていく。そして，3歳以降では，養育者がたとえ離れていても困ったことがあれば助けてくれるという基本的信頼を獲得することで，身体接触や確認行動といった愛着行動が減少していく。このように，子どもは，積極的な愛着行動とそれに対する養育者の応答を通じて，愛着行動を内面化し，愛着関係を形成していくのである。

1.3.5　自我の芽生え

この愛着の基礎となる子どもと養育者との相互関係は，子どもの自己の形成にも関与する。新生児は自己と他者が未分化な状態であると考えられる。しかし，3カ月頃から自分の手を眺めたり口にくわえたりして自己像を形成する。この頃，これまで相手の有無に関係なく生じていた自発的微笑が，相手が微笑したら微笑し返す社会的微笑（3カ月微笑ともいう）に変化する。この3カ月微笑は，乳児が自己と他者の区別を理解していることを示す。さらに，生後9

カ月には，他者が注意を向けるものに自分も注意を向けたり，興味ある対象を指さして他者に注意を促したりする共同注意がみられる。この共同注意は，他者も自分と同じ意図をもった主体として認知していることを意味する。このように，他者とは違う自己を知ることで，幼児は自己意識を形成していく。

　この自己意識の形成に伴い，2歳頃から独立欲求や自律欲求が高まる。その一方で，幼児は自己の能力を把握し，欲求をコントロールすることができないため，自分で行うことに強くこだわったり，養育者の指示に逆らって衝動的に自己主張したりすることが多くなる。これら行動がみられる2～4歳の時期を第一次反抗期という。この第一次反抗期は自己意識の形成を反映したものであり，さらに養育者からの独立の契機となる。

1.4　児童期・青年期の発達

1.4.1　論理性の発達

　前操作期では事物のみかけによって認知が左右されていた子どもたちも，児童期，ピアジェのいう具体的操作期への移行に伴って，物事の本質を論理的に捉えることが可能になる。たとえば，数の保存の課題（図1-3）において，6歳頃の児童は，「どちらも同じ」と答える。その理由として，児童は「つめただけだから」（同一性），「間隔を広げても戻したら同じになる」（可逆性），「こっちは長くなっているけど，すき間があいている」（相補性）と論理的に説明する。このように論理的に理由を説明できるのは，保存性の概念を獲得したためである。保存性の概念には，数の保存のほかに，7～8歳にかけて獲得する物質量の保存，9～10歳に獲得する重さの保存，11～12歳に獲得する体積の保存などがある（図1-3）。また，7～8歳頃の児童は，空間あるいは時間に従ってものごとを順序づける系列化，全体と部分の関係を同時に考える分類などができるようになる。さらに，9～10歳頃，幼児期の自己中心的思考を脱し，自己と他者の視点が違うことを理解する。これを，脱中心化という。

　9～10歳頃の児童は，幼児期の見た目に左右される直観的思考から，事物の

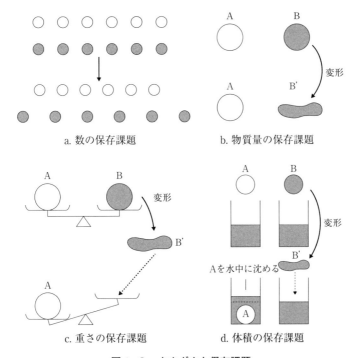

図1-3 さまざまな保存課題
出典：J.ピアジェ，中西啓訳『ピアジェに学ぶ認知発達の科学』北大路書房，2007，p.65，p.81.

本質を捉える論理的思考へと発達を遂げるものの，それは具体的事象に限られる。しかし，11歳以降の形式的操作期に入ると抽象的な言葉や記号を用いて，仮説演繹的思考が可能になる。たとえば，「AはBより多く，AはCより少ない。では，一番多いのはどれか？」といった推論ができる。このような思考が可能になるのは，具体的に現実に一致しているかどうかではなく，抽象的な推論の形式が適切かどうかを判断できるようになったためである。また，抽象的な思考が可能になると，他者の思考過程も推測できるようになるが，青年期の前期では，自分自身の関心事と他者の関心事についての推測とが未分化なため，たとえば，自分が太っていることを気にしていると「皆も私を太っていると思っているに違いない」と考えたり，自分を批判的にみていると他者も自分を批

判的にみている,あるいは自分を賞賛的にみていると他者も自分も賞賛的にみていると考えたりする。このような,自己中心的な他者に対する推測の傾向を,青年期自己中心性という。この青年期自己中心性は,青年期中期で脱していく。

1.4.2　一次的ことばと二次的ことば

　児童期の中期,すなわち7～8歳頃は,一般に話し言葉から書き言葉への移行期といわれる。これについて,一次的ことばと二次的ことばの区別がある[4]。一次的ことばとは話し相手と直接コミュニケーションをとりながら展開する言語活動をいい,二次的ことばとは不特定多数に対して一方的に伝達する言語活動をいう。この二次的ことばは,学校での読み書きの指導の中で形成されるとともに,皆に理解してもらえるように自分の考えを理論的に話す必要がある状況の中で発達する。さらに,9～10歳にかけて二次的ことばを獲得することによって,言葉がコミュニケーションのやりとりを離れて,知識の体系として機能しはじめるようになる。たとえば,「鳥とは何ですか」という質問に対して,7～8歳頃までの児童は「飛ぶ」「鳴く」といった属性を答えるのに対して,9～10歳頃では「動物」「生物」といった下位概念に対する上位概念を答えるようになる。

1.4.3　対人関係の発達

　幼児期と児童期では,親子関係も変化する。幼児期では親子関係が主要な対人関係であったが,児童期になるとその対人関係の中に仲間関係が加わり,大きな存在となっていく。特に,9～10歳頃になると,3～10名前後の同性メンバーからなる遊び仲間集団を形成する。これをギャング集団といい,この時期をギャング・エイジという。この集団は,凝集性が高く閉鎖的で,役割分担やルールが明確であるという特徴をもつ。また,大人の監視から逃れて秘密の場所をつくる。このため反社会的行動を伴うこともあるが,この対人関係は社会的知識や技能を身につけていく場にもなる。

4：岡本夏木『ことばと発達』岩波書店,1984.

さらに，13〜15歳頃になると，一般的に親友と呼べるような3〜5人程度のメンバーからなる同性の仲良し集団を形成する。これをチャム集団という。ギャング集団が外見的な同一行動を重視するのに対して，チャム集団は趣味や興味・関心などの内面的な類似性を重視する。そして，高校生以降では，ピア集団という男女混合のグループを形成する。この集団では，互いの興味・関心の類似性だけでなく，互いに違う部分があっても自他の違いを認め合う関係が友人関係を育む。一方，青年期では，仲間関係に対して親子関係の重要性は相対的に小さくなっていく。特に，青年期前期では，親の保護・監督から離れ，一人の独立した人間になろうとする。この過程を，乳児の生理的離乳に対して心理的離乳という。またこの時期，青年は独自の世界を作ろうとするため，既成の価値観や親への反抗が著しくなる。これを，幼児期の第一次反抗期に対して，第二次反抗期という。心理的離乳は親子関係の破壊と再生が，つぎの3段階を経て進むと考えられている[5]。①子どもが親との依存関係を脱却して親子の絆を壊そうとする第一次心理的離乳の段階，②青年が親を客観的に眺めて関係を自覚的に修復し，絆の再生と強化を行う第二次心理的離乳の段階，③親から学んだ価値観を超越し，自分の生き方を確立しようとする第三次心理的離乳の段階。この段階が示すように，心理的離乳は，単に親子関係が離れていくことではなく，幼児期や児童期までの依存的・保護的な関係から成人期以降の自律的・独立的関係へ生まれ変わることを意味する。

1.4.4　自己概念とアイデンティティの確立

　児童期では，仲間関係の充実とともに他者との比較にもとづいて自己概念を形成していく。さらに，脱中心化と他者の思考や感情・視点を理解する能力である社会的視点取得の発達に伴い，その他者との比較は外見的な側面から内面的な側面へ変化する。そのため，自己を捉える基準も身体的・表面的特徴だけでなく性格や能力といった心理的特徴が加わり多様化する。たとえば，「ボクはタケノリくんより背が高い」という比較から，「ボクはカズヒロくんより駆

5：西平直喜『成人になること：生育史心理学から』東京大学出版会，1990.

けっこは得意だけど，勉強が苦手」というように，である。このような内面的な比較は自己理解を深める契機となるが，それと同時に劣等感や自尊感情の低下など，自己に対する否定的感情が生じる危機ももつ。

　青年期になると，仲間関係が充実することで，自己概念が分化していく。さらに，抽象的思考の発達に伴い，自己概念を抽象的概念に基づいて客観的に捉えられるようになる。その結果，「自分はこうありたい」という理想自己と実際の自分である現実自己のギャップや矛盾に気づき，苦しむことがある。これら矛盾した自己概念を統合する営みが，青年期の発達課題であるアイデンティティの確立である。エリクソンによると，アイデンティティとは，さまざまな役割や立場であっても私は私であるという不変性と，現在の自分が過去・未来の自分とつながっているという連続性が自分にあり，かつ他者からもそのようにみられているという感覚をいう。このようなアイデンティティを特に自己アイデンティティといい，この自己アイデンティティが社会的な成長をとげている感覚を自我アイデンティティという。

　マーシャ（Marcia, James E. 1966-　）は，この自我アイデンティティの形成過程を，職業や価値観などの生き方を思案・決定する危機を経験しているか・していないか，選択した生き方に対して積極的に関与しているか・していないかによって，表1-6のように4つに類型化している。これをアイデンティティ地位という。たとえば，教師や図書館司書を志望する大学生の場合，自分の適性や能力，他の職業選択の可能性を詳細に検討し，迷いながら最終的に司書を志すという強い意志をもつにいたったのであれば，それはアイデンティティ達成地位に相当する。しかし，いまだ迷い続け意思決定を先延ばしにしているようであればモラトリアム地位，逆に両親などの周囲の勧めのままに迷うこともなく図書館司書を目指しているのであれば早期完了地位にあたる。そして，これまでの人生において志す職業について真剣に考えたことがなかったり，志していたものの挫折し目標を失っている状態はアイデンティティ拡散地位に相当する。

　このことからも理解できるように，アイデンティティは，危機として迷い苦悩し，時には挫折しながら確立していくものであり，単に将来の職業や目標を

表1-6　アイデンティティ地位

アイデンティティ・ステイタス	危機	積極的関与	概要
アイデンティティ達成	経験した	している	幼児期からの自分の在り方・生き方について確信がなくなり，いくつかの可能性について本気で考えた末，自分自身の解決に達し，それに基づいて行動している。誠実で，安定した人間関係をもっている
モラトリアム	最中	しようとしている	いくつかの選択肢について迷っているところで，その不確かさを克服しようと一生懸命努力している。一方で，選択肢に迷っているため十分な関与ができていない。半人前意識や不安，緊張感をもっている
早期完了	経験していない	している	自分の目標と親の目標の間に不協和がない（無批判に親の敷いたレールに従って生きている）。どんな体験も，幼児期依頼の信念を補強するだけになっている。融通のきかなさ，権威主義的でもある
アイデンティティ拡散	経験していない	していない	危機前（pre-crisis）：いままで本当に何者かであった経験がないので，何者かである自分を想像することができない
	経験している	していない	危機後（post-crisis）：すべてのことが可能だし，可能なままにしておかなければならない。

出典：Marca, J. E. Development and Validation of ego-identity status. *Journal of Personality and Social Pychology*, 3, 1966. より作成

決定すればいいものではない。このことから，迷いと苦悩こそが，青年期を特徴づける心性であり，そうあらねばならないといえる。

2章
発達障害の理解と支援

2005(平成17)年に「発達障害者支援法」が施行して以来，今日に至るまで発達障害という言葉は急速に世間一般に広まった。また，2016(平成28)年の同法改正によって学校において共に学ぶ機会の配慮，職場への定着支援，特性に応じた雇用管理などが盛り込まれ，教育と就労支援の充実も図られている。その一方で，いまだ発達障害に対する無理解によって適切な対応や支援を受けられなかったり，差別の対象となっているのも事実である。本章では，発達障害の定義と分類について概説し，対応・支援の理念と方法について解説する。

2.1 発達障害とは

2.1.1 発達障害の定義

発達障害とは，自閉スペクトラム症，注意欠如・多動症，学習障害などを含める法律上の概念である。「発達障害者支援法」によれば，「自閉症，アスペルガー症候群その他の広汎性発達障害，学習障害，注意欠陥多動性障害その他これに類する脳機能の障害であってその症状が通常低年齢において発現するもの」と定義される。

この定義で留意すべきは，第一に，発達障害は特定の障害をさすものではなく，さまざまな障害を含めた総称である点である。発達障害に含まれる主な障害としては，自閉スペクトラム症，注意欠如・多動症，学習障害などがあり，それぞれ診断基準が異なる。第二に，脳機能についての障害であるという点で

ある。発達障害は，かつて子育てや家庭環境によって生じると考えられていたが，現在では完全に否定されている。原因については，今日でも不明な点は多いが，遺伝的，生物学的，免疫学的，胎児期の環境的要因などの複数の要素が作用することによって生じた先天的な脳機能の特異性が関係していると考えられている。

2.1.2 自閉スペクトラム症（ASD）

自閉スペクトラム症（Autism Spectrum Disorder：ASD）とは，DSM-5[1]では表2-1の診断基準を満たす症状の障害をいい，①幼児期には母親を求めない，目が合わない，その後も双方向の交流ができないなどの社会性の障害，②言葉の発達に遅れがある，言葉が現れてもオウム返しを繰り返す，会話が困難などの言語的コミュニケーションの障害，③手を絶えずひらひらさせる，などの反復的なこだわり行動（常同行動）や同じメーカーの飲料水しか飲まないなど興味・関心の限定といった固執性の3つの特徴がある。また，すべてではないものの，多くのASD児・者には視聴触覚について感覚過敏（または感覚鈍麻）といった独特の感覚がある。以前は，知的障害を伴う場合を自閉症，知的障害が目立たない場合や言葉の遅れを伴わない場合をアスペルガー症候群と区分することもあったが，臨床的には区別することが難しいことが多いため，現在ではスペクトラム（連続体）として包括的に捉える考え方が広まっている。

表2-1 自閉スペクトラム症の診断基準（DSM-5）

A．複数の状況で社会的コミュニケーションおよび対人的相互反応における持続的な欠点があり，現時点または病歴によって，以下により明らかになる（以下の例は一例であり，網羅したものではない）。
(1) 相互の対人的-情緒的関係の欠落で，例えば，対人的に異常な近づき方や会話の

1：精神障害の診断と統計マニュアル（Diagnostic and Statistical Manual of Mental Disorders）の略記で，アメリカ精神医学会が提唱した国際的な精神障害の分類をいう。最新の基準は2013年に刊行された第5版（DSM-5）である。国際的な分類としては，この他に世界保健機構（WHO）が刊行した疾病及び関連保健問題の国際統計分類（ICD）がある。

やりとりのできないことといったものから，興味，情動，または感情を共有することの少なさ，社会的相互反応を開始したり報じたりすることができないことに及ぶ。
(2) 対人的相互反応で非言語的コミュニケーション行動を用いることの欠陥，例えば，まとまりのわるい言語的，非言語的コミュニケーションから，視線を合わせることと身振りの異常，または身振りの理解やその使用の欠陥，顔の表情や非言語的コミュニケーションの完全な欠陥に及ぶ。
(3) 人間関係を発展させ，維持し，それを理解することの欠陥で，例えば，さまざまな社会的状況に合った行動に調整することの困難さから，想像上の遊びを他者と一緒にしたり友人を作ることの困難さ，または仲間に対する興味の欠如に及ぶ。
B．行動，興味，または活動の限定された反復的な様式で，現在のまたは病歴によって，以下の少なくとも2つにより明らかになる（以下の例は一例であり，網羅したものではない）。
(1) 常同的または反復的な身体の運動，物の使用，または会話（例：おもちゃを一列に並べたり物を叩いたりするなどの単調な常同運動，反響言語，独特な言い回し）。
(2) 同一性への固執，習慣への頑ななこだわり，または言語的，非言語的な儀式的行動様式（例：小さな変化に対する極度の苦痛，移行するなどの困難さ，柔軟性に欠ける行動様式，儀式のようなあいさつの習慣，毎日同じ道順をたどったり，同じ食物をたべたりすることへの要求）。
(3) 強度または対象において異常なほど，きわめて限定され執着する興味（例：一般的ではない対象への強い愛着または没頭，過度に限局したまたは固執した興味）。
(4) 感覚刺激に対する過敏さまたは鈍感さ，または環境の感覚的側面に対する並外れた興味（例：痛みや体温に無関心のように見える，特定の音または触感に逆の反応をする，対象を過度に嗅いだり触れたりする，光または動きを見ることに熱中する）。
C．症状は発達早期に存在していなければならない（しかし社会的要求が能力の限界を超えるまでは症状を完全に明らかにならないかもしれなし，その後の生活で学んだ対応の仕方によって隠されている場合もある）。
D．その症状は，社会的，職業的，または他の重要な領域における現在の機能に臨床的に意味ある障害を引き起こしている。
E．これらの障害は，知的能力障害（知的発達症）または全般的発達遅延ではうまく説明されない。知的能力障害と自閉スペクトラム症はしばしば同時に起こり，自閉スペクトラム症と知的能力障害の併存の診断を下すためには，社会的コミュニケーションが全般的な発達の水準から期待されるものより下回っていなければならない。
注：DSM-Ⅳで自閉性障害，アスペルガー障害，または特定不能の広汎性発達障害の診断が十分確定しているものには，自閉スペクトラム症の診断が下される。社会的コミュニケーションの著しい欠陥は認めるが，それ以外は自閉スペクトラム症の診断基準を満たさないものは，社会的（語用論的）コミュニケーション症として評価されるべきである。

2.1.3 注意欠如・多動症（ADHD）

注意欠如・多動症（Attention Deficit Hyperactivity Disorder：ADHD）と

は，DSM-5では表2-2の診断基準を満たす障害をいい，①注意集中の困難と②多動性・衝動性の特徴がある。特に注意集中の困難が強く現れるタイプを不注意優勢型，多動性と衝動性が強く現れるタイプを多動性・衝動性優位型，両者が強く現れるタイプを混合型という。幼児期には言葉の遅れや乱暴・攻撃的な遊びを好む，癇癪を起しやすいなどの特徴がみられることもあるが，定型発達児との区別が難しい。しかし，児童期に入ると，学校生活の中で離席を繰り返す，授業に集中できない，突発的な行動を起こすなどの行動が顕著に現れる。思春期の第二次反抗期（Ⅰ部1章1.4.3参照）には，周囲の不適切な対応のために，後述する二次的障害として，挑戦的態度や短気傾向が増長し，周囲の大人や仲間に対して拒絶的・反抗的な態度をとり，暴言・暴力的の行動をくりかえす反抗挑戦性障害を合併する場合もある。

表2-2 注意欠如・多動症の診断基準（DSM-5）

A．⑴および／または⑵によって特徴づけられる，不注意および／または多動性-衝動性の持続的な様式で，機能または発達の妨げとなっているもの：

⑴ 不注意：以下の症状のうち6つ（またはそれ以上）が少なくとも6カ月持続したことがあり，その程度は発達の水準に不相応で，社会的および学業的／職業的活動に直接，悪影響を及ぼすほどである：

注：それらの症状は，単なる反抗的行動，挑戦，敵意の表れではなく，課題や指示を理解できないことでもない。青年期後期および成人（17歳以上）では，少なくとも5つ以上の症状が必要である。

(a) 学業，仕事，または他の活動中に，しばしば綿密に注意することができない，または不注意な間違いをする（例：細部を見過ごしたり，見逃してしまう，作業が不正確である）。

(b) 課題または遊びの活動中に，しばしば注意を持続することが困難である（例：講義，会話，または長時間の読書に集中し続けることが難しい）。

(c) 直接話しかけられたときに，しばしば聞いていないように見える（例：明らかな注意を逸らすものがない状況でさえ，心がどこか他所にあるように見える）。

(d) しばしば指示に従えず，学業，用事，または職場での義務をやり遂げることができない（例：課題を始めるがすぐに集中できなくなる，また容易に脱線する）。

(e) 課題や活動を順序立てることがしばしば困難である（例：一連の課題を遂行することが難しい，資料や持ち物を整理しておくことが難しい，作業が乱雑でまとまりがない，時間の管理が苦手，締め切りを守れない）。

(f) 精神的努力の持続を要する課題に従事することをしばしば避ける，嫌う，またはいやいや行う（例：学業や宿題，青年期後期および成人では報告書の作成，書類

に漏れなく記入すること，長い文書を見直すこと）。
　(g) 課題や活動に必要なものをしばしばなくしてしまう（例：学校教材，鉛筆，本，道具，財布，鍵，書類，眼鏡，携帯電話）。
　(h) しばしば外的な刺激（青年期後期および成人では無関係な考えも含まれる）によってすぐ気が散ってしまう。
　(i) しばしば日々の活動（例：用事を足すこと，お使いをすること，青年期後期および成人では，電話を折り返しかけること，お金の支払い，会合の約束を守ること）で忘れっぽい。
(2) 多動性および衝動性：以下の症状のうち6つ（またはそれ以上）が少なくとも6カ月持続したことがあり，その程度は発達の水準に不相応で，社会的および学業的／職業的活動に直接，悪影響を及ぼすほどである：
注：それらの症状は，単なる反抗的行動，挑戦，敵意の表れではなく，課題や指示を理解できないことでもない。青年期後期および成人（17歳以上）では，少なくとも5つ以上の症状が必要である。
　(a) しばしば手足をそわそわと動かしたりトントン叩いたりする。またはいすの上でもじもじする。
　(b) 席についていることが求められる場面でしばしば席を離れる（例：教室，職場，その他の作業場所で，またはそこにとどまることを要求される他の場面で，自分の場所を離れる）。
　(c) 不適切な状況でしばしば走り回ったり高い所へ登ったりする（注：青年または成人では，落ち着かない感じのみに限られるかもしれない）。
　(d) 静かに遊んだり余暇活動につくことがしばしばできない。
　(e) しばしば"じっとしていない"，またはまるで"エンジンで動かされるように"行動する（例：レストランや会議に長時間とどまることができないかまたは不快に感じる他の人達には，落ち着かないとか，一緒にいることが困難と感じられるかもしれない）。
　(f) しばしばしゃべりすぎる。
　(g) しばしば質問を終わる前にだし抜けに答え始めてしまう（例：他の人達の言葉の続きを言ってしまう。会話で自分の番を待つことができない）。
　(h) しばしば自分の順番を待つことが困難である（例：列に並んでいるとき）。
　(i) しばしば他人を妨害し，邪魔する（例：会話，ゲーム，活動に干渉する。相手に聞かずにまたは許可を得ずに他人の物を使い始めるかもしれない。青年または成人では，他人のしていることに口出ししたり，横取りすることがあるかもしれない）。
B．不注意または多動性－衝動性の症状のうちいくつかが12歳になる前から存在していた。
C．不注意または多動性－衝動性の症状のうちいくつかが2つ以上の状況（例：家庭，学校，職場；友人や親戚といるとき；その他の活動中）において存在する。
D．これらの症状が，社会的，学業的または職業的機能を損なわせているまたはその質を低下させているという明確な証拠がある。
E．その症状は，統合失調症，または他の精神病性障害の経過中に起こるものではなく，他の精神疾患（例：気分障害，不安症，解離症，パーソナリティ障害，物質中毒または離脱）ではうまく説明されない。

2.1.4 学習障害（LD）

　学習障害（Learning disabilities：LD）とは，知的発達の遅れがないにもかかわらず，その偏りから学習困難がある状態の教育分野における名称である。文部科学省は「学習障害とは，基本的には全般的な知的発達に遅れはないが，聞く，話す，読む，書く，計算する又は推論する能力のうち特定のものの習得と使用に著しい困難を示す様々な状態を指すものである」と定義している[2]。また，DSM-5では，限局性学習症（Specific Learning Disorder：SLD）として整理され，表2-3の診断基準を満たす障害とされている。

　代表的な SLD に，ディスレクシア（識字障害）とディスカリキュリア（算数障害）がある。ディスレクシアは読み書きの困難を主な症状とし，読書の際に行を飛ばす，どこを読んできるかわからなくなる，「は」や「ほ」などの形の似た文字を読み間違えるなどの読字障害ほか，書き順が憶えられない，鏡文字を書くなどの書字障害が現れる。また，ディスカリキュリアは，数字・記号の認識や計算の困難を主な症状とし，数の大小関係が理解できない，繰り上げ・繰り下げが必要な足し算ができない，数的推論が困難であるなどの特徴をもつ。

表2-3　限局性学習症の診断基準（DSM-5）

A．学習や学業的技能の使用に困難があり，その困難を対象とした介入が提供されているにもかかわらず，以下の症状の少なくとも1つが存在し，少なくとも6ヶ月間持続していることで明らかになる：
(1) 不的確または速度が遅く，努力を要する読字（例：単語を間違ってまたゆっくりとためらいがちに音読する，しばしば言葉を当てずっぽうに言う，言葉を発音することの困難さをもつ）
(2) 読んでいるものの意味を理解することの困難さ（例：文章を正確に読む場合があるが，読んでいるもののつながり，関係，意味するもの，またはより深い意味を理解していないかもしれない）
(3) 綴字の困難さ（例：母音や子因を付け加えたり，入れ忘れたり，置き換えたりするかもしれない）
(4) 書字表出の困難さ（例：文章の中で複数の文法または句読点の間違いをする，段

2：文部科学省「学習障害児に対する指導について（報告）」1999より抜粋

落のまとめ方が下手，思考の書字表出に明確さがない)
(5) 数字の概念，数値，または計算を習得することの困難さ（例：数字，その大小，および関係の理解に乏しい，1桁の足し算を行うのに同級生がやるように数字的事実を思い浮かべるのではなく指を折って数える，算術計算の途中で迷ってしまい方法を変更するかもしれない)
(6) 数学的推論の困難さ（例：定量的問題を解くために，数学的概念，数学的事実，または数学的方法を適用することが非常に困難である)
B．欠陥のある学業的技能は，その人の暦年齢に期待されるよりも，著明にかつ定量的に低く，学業または職業遂行能力，または日常生活活動に意味のある障害を引き起こしており，個別施行の標準化された到達尺度および総合的な臨床消化で確認されている。17歳以上の人においては，確認された学習困難の経歴は標準化された評価の代わりにしてよいかもしれない。
C．学習困難は学齢期に始まるが，欠陥のある学業的技能に対する要求が，その人の限られた能力を超えるまでは完全には明らかにはならないかもしれない（例：時間制限のある試験，厳しい締め切り期間内に長く複雑な報告書を読んだり書いたりすること，過度に思い学業の負荷)。
D．学習困難は知的能力障害群，非矯正視力または聴力，他の精神または精神疾患，心理社会的逆6境，学業的指導に用いる言語の習熟度不足，または不適切な教育的指導によってはうまく説明されない。
注：4つの診断基準はその人の経歴（発達歴，病歴，家族歴，教育歴)，成績表，および心理教育的評価の臨床的総括に基づいて満たされるべきである。

2.1.5 知的障害

　発達障害には含まれないが，合併することが多い障害に知的障害がある。知的障害とは，行政上の用語で，「知的機能の障害が発達期（概ね18歳まで）に現れ，日常生活に支障が生じているため，何らかの特別の援助を必要とする状態にあるもの」と定義される[3]。医学上では精神遅滞と呼ばれていたが，DSM-5では知的能力障害と変更された。実際には，重度の場合には食事，衣類の脱着，排尿・排便などの日常生活動作（activities of daily living：ADL）が一人でできないが，軽度・中等度の場合には電話の使い方，買い物，家事，移動，外出，服薬の管理，金銭の管理などの手段的日常生活動作（instrumental activities of daily living：IADL）だけに支障があるというように，障害の程度には大きな違いがある。

3：厚生労働省「知的障害児・者基礎調査」2000より抜粋

知的障害の判断では知能検査（Ⅰ部2章2.2.1参照）が行われ，その結果，知能指数（IQ）が70〜75以下の場合に知的障害とされることが多い。しかし，知能指数だけでは知的発達の遅れや日常生活の支障の程度を判断するのは難しいことから，DSM-5の診断基準では具体的な数値にこだわらないとしている。むしろ，今日では，知能指数は一つの目安にすぎないと考えられ，適応行動尺度（Vineland-Ⅱ）[4]などにより，どのくらい日常生活に適応できているかを目安にする場合が増えている。

2.1.6　二次的障害と並存障害

発達障害をもつ人は，発達障害の特性や困難を周囲が理解していなかったり，社会的環境にうまく適応できなかったりすることなどから，生活の中でストレスを抱えることが多い。そのようなストレスの状態が継続すると，発達障害の本来の症状とは別の心理的問題が生じることがある。この障害を二次的障害という。二次的障害には，感覚過敏の悪化や頭痛・腹痛などの心身症的障害や，うつ病などの気分障害，強迫性障害や不安障害などの神経症性障害などがある。さらに，いじめや学業不振，無理解な周囲の大人たちによる叱責などで不登校やひきこもりに陥るケースもある。教育場面では，選択性緘黙(かん)や非社会的行動，不登校，引きこもり，離席，集団逸脱行動，反社会性行動や自傷行為などの不適切な行動によって学校生活や社会生活に適応できなくなる状態を情緒障害[5]というが，この情緒障害も，発達障害の二次的障害であるケースがある。

ADHDのいわゆる「問題行動」について，循環モデルが提唱されている。そのモデルによると，図2-1に示すように，ADHD児の「行動傾向」や「学習上の特徴」に「情緒面」が加わり，その結果として「問題行動」が生じるが，その「問題行動」には，手っ取り早く周囲の注目を集めたり（注目），自分の意を通そうとしたり（要求），嫌なことから逃れようとしたり（逃避），不安から自分を守ろうとする（防衛）といった意味があると考える。そして，これら

4：辻井正次・村上隆　日本語版監修, 日本文化科学社, 2014
5：情緒障害の定義は, 教育・福祉・医療の分野で異なる。ここでは, 文部科学省「平成25年教育支援資料Ⅶ 情緒障害」（2013年10月）に従う。

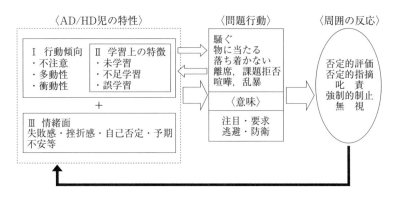

図2-1　ADHD児の「問題行動」が強まっていく循環モデル
出典：井上とも子「注意欠陥・多動性障害への教育的アプローチ：注意欠陥多動性障害・学習障害・知的障害」『発達障害研究』21，1999，p.193.

　意味を無視した「周囲の反応」がADHD児の「行動傾向」や「学習上の特徴」，「情緒面」の特性を強め，「問題行動」を増幅させると考える。このモデルは，ADHDなどの発達障害の子どもが示す「問題行動」が，周囲による不適切な対応が少なからず関与する二次的障害であることを示唆する。

　一方，発達障害では，ADHDとLD，ASDとLDというように，どの障害が中心かは明確でないものの，複数の症状が同時に現れることがある。この状態を並存障害という。さらに大人の場合では，統合失調症やパーソナリティ障害などの精神障害と発達障害の鑑別がむずかしい。そのため，精神科に通院していても，発達障害が見落とされてしまい，なかなか症状が改善しないケースがある。このような精神障害の背景に発達障害が疑われるケースを重ね着症候群ということがある。

2.2　発達障害の支援

2.2.1　診断と支援機関

　発達障害は，医師が生育歴や発達歴を聞き取りながら行動観察を通じ，前述

したDSM-5やICD-10という診断基準によって診断される。また，診断の前後で，発達障害の傾向と特徴を捉え，適切な支援方法を検討するために，心理士などの専門職によるアセスメント（評価）を行う。アセスメントには，聞き取りや生活場面での行動を観察する方法と，標準化されたアセスメントツールを使用する方法がある。現在の代表的なアセスメントツールには，ウェクスラー式知能検査や田中ビネー式知能検査などがある。ウェクスラー知能検査には，主に就学前幼児を対象とするWPPI，5〜15歳を対象とするWISC，16歳以上を対象とするWAISがあり，現在使用されているWISC-ⅣとWAIS-Ⅲでは言語理解，知覚推理，作業記憶，処理速度の4つの側面を評価できるようになっている。一方，田中ビネー式知能検査（現在は第Ⅴ版）は，1〜13歳までの問題96問と14歳以上の問題17問があり，前者では精神年齢（MA）／生活年齢（CA）×100で知能指数を，後者では年齢別平均値を基準として算出する偏差知能指数を算出する。

　診断のきっかけは，発達の遅れや他の子どもと違う行動を心配した親が，乳幼児健診などで相談し，医療機関を紹介されることが多い。また，最近では，都道府県と政令指定都市に設置された発達障害者支援センターに相談するケースもある。発達障害と診断されると，医療機関や支援機関，学校などで継続したサポートが行われる。幼児期の場合には，療育を通じて子ども自身のQOL（生活の質）を高めるとともに，二次的障害の防止が図られる。また学齢期では，就学・進学相談のうえで子どものニーズに合わせて，特別支援学校のほか，比較的障害の軽い子どものために障害種別に小・中学校に設置されている特別支援学級，通常級に在籍する児童生徒がより専門性の高い通級指導学級設置校で定期的に通うことで指導を受ける通級による指導，逆に通級指導学級の専門の教師が児童生徒の在籍する学校に巡回して指導する特別支援教室などで，特別支援教育が行われる。

　義務教育後，知的障害を合併している場合では，多くの子どもは知的障害特別支援学校の高等部に進学したり，児童福祉施設，障害支援施設などに入所・通所したりする。知的障害を合併していない場合では，高等学校，専修学校，公共職業能力開発施設，就職などの進路を選択する。ただし，発達障害児の中

には，通学や学校での集団生活を苦手にする者もいる。そのため最近では，通信制高校に籍を置きながら学習支援を行う通信制サポート高校などのオルタナティブ・スクールも増えつつある。

2.2.2 支援・対応の方法

　発達障害の特性そのものは，特異なスキルや才能に結びつく可能性があることが示すように，個性の一つであるため，治療の対象とはならない。とはいえ，その特性や個性が，社会生活を過ごす中で種々の困難を引き起こすことも多い。したがって，発達障害の支援・対応としては，発達障害をもつ子どもが社会生活を営む中で困難を感じさせないようすることに力点が置かれる。

　そのためには，第一に合理的配慮が行われることである。合理的配慮とは，障害のある人々のニーズに合わせ状況を変化し，調整することをいう。たとえば，感覚過敏によって偏食のある子どもに対しては特別な給食を用意する，一般教室では注意散漫になる子どもに対しては別室で授業を行うなどである。感覚過敏や注意散漫といった発達障害の特性はしつけや教育で変えることはできず，無理に変えようとすると二次的障害を合併する恐れがある。第二に，コミュニケーション・スキルを習得するための支援を行うことである。ASD児やADHD児は，対人関係に困難を伴うことが多い。そのため，ソーシャルスキル・トレーニングなどを通じて，他者の気持ちに気づく，自分の気持ちを伝える，感情をコントロールする，ルールに従うなどの方法を習得させることで，対人関係を適切に構築できるよう支援する。そして，第三に，発達障害児の周囲の人々はもちろん，本人たちも，その障害の有無にかかわらず，すべての人々が幸福を追求する権利を有していることを改めて確認し，共生社会を実現できるよう絶え間ない努力を続けることである。そのためには，発達障害について学び，一人ひとりがどのような支援・対応ができるかを考えることが何よりも求められる。

3章
学習の理論と学習指導

　教師が児童生徒に対して授業を行う際，その児童生徒の能力を最大限に引き出し，学習内容を習得できるよう最適な授業を構成することが求められる。そのためには，これまでの心理学で解明されてきた児童生徒の学習や認知の特性・特徴をふまえた学習指導を行わなければならない。本章では，まず，心理学における学習の定義と，その学習に対する捉え方について概観したうえで，その背景となる基本的な学習理論について解説する。つづいて，それら理論を背景にした学習指導について，代表的な理論と方法について解説する。

3.1 学習とは

3.1.1 学習の心理学的定義

　学習は一般に，学校で英語の単語を憶えたり，歴史の年号を暗記したりするなど，いわゆる勉強をさす言葉として用いられる。これも学習の一部であるが，心理学ではもっと広い意味で捉えられている。たとえば，子どもが練習をして箸を使えるようになることや，片づけをして褒められたので自発的に片づけるようになること，さらには傷んだ食べ物を食べて腹を壊したので食べなくなることなども学習に含める。これらに共通する点は，ある経験の結果，これまでの行動が変化することである。このことから，心理学では，学習を「経験による比較的永続的な行動の変化」と定義する。この定義でいう「経験による」とは，学習が生まれつき備わった行動ではなく，生後の経験を通じて形成される

行動であることを意味する。また,「比較的永続的」とは,変化した行動が消失することはあるが,それはすぐに消失するものではないことを意味する。

しかし,学習したことが必ずしも行動として顕在化するとは限らない。たとえば,子どもが箸の使い方を学習していたとしても,箸を使うのが面倒だと思えば,箸を使わず素手で食事をするだろう。この場合,行動の変化の基礎にある潜在的なプロセスは変化しているが,行動として表面化していないだけである。このことから,学習を「経験による比較的永続的な行動のポテンシャリティの変化」と定義することもある。これら2つの学習の定義の違いは,以下の学習における連合説と認知説に関わる。

3.1.2 学習の連合説と認知説

学習という現象をどのように説明するかについては,心理学では,連合説(あるいは連合理論)と認知説(あるいは認知理論)の2つの立場がある。

学習の連合説は,心理学は観察可能な行動のみを研究対象とし,どのような条件でどのような行動が生じるかを客観的に分析して予測と制御を行うことを目的とすべきであるとする立場である。この立場は,後述する古典的条件づけやオペラント条件づけをなどの行動主義心理学の知見を背景としている。この立場の考えによると,学習とは経験によって刺激(S)と反応(R)が連合することで生じる行動の変化であり,どのように複雑な学習現象でも刺激と反応の連合という要素に還元できるとしている。

一方,学習の認知説は,行動の変化には記憶や思考,知識や推論などの直接観察不可能な認知過程の活動が必要であるという観点から,心理学は認知過程や心理構造を全体的に明らかにすることを目的とすべきであるとする立場である。この立場は,ケーラー(Köhler, Wolfgang 1887-1967)によって明らかにされた洞察学習やトールマン(Tolman, Edward Chase 1886-1959)による認知地図などのゲシュタルト心理学や新行動主義心理学のほか,ピアジェの認知的発達理論(Ⅰ部Ⅰ章1.2.1),情報処理的アプローチによる認知心理学の理論を背景にしている。この立場によると,学習とは記憶や知識などの認知構造が変化することであり,必ずしも行動として顕在化するものではないとしている。

3.2 学習の基礎理論

3.2.1 古典的条件づけ

　心理学にける最初の学習理論は，帝政ロシアの大脳生理学者パブロフ（Pavlov, Ivan Petrovich 1849-1936）によって解明された古典的条件づけである。彼は，イヌをもちいて，図3-1のような実験を行った。イヌは，生得的に餌を与えられたならば唾液を分泌し，メトロノームの音を聞かせると耳を立てる。このような生得的な刺激と反応の連合のうち，刺激を無条件刺激（US），反応を無条件反応（UR）という。つづいて，メトロノームの音を聞かせながら餌を与える。このように無条件刺激を一緒に提示する手続きを対提示という。この対提示を繰り返したあと，イヌにメトロノームの音だけを聞かせる。すると，イヌはメトロノームの音に対して唾液を分泌する。つまり，新しい刺激と反応の連合を学習したのである。この新しい刺激と反応の連合のうち，刺激を条件刺激（CS），反応を条件反応（CR）という。

　古典的条件づけでは，条件刺激が類似していれば，同じ条件反応が生じる。これを般化という。ワトソンは，図3-2のような実験から，古典的条件づけと般化によって恐怖症の発症メカニズムを解明するとともに，発達における経験説を主張した（Ⅰ部1章1.1.2参照）。

3.2.2 オペラント条件づけ

　古典的条件づけとならんで学習の連合説の基礎となる理論が，アメリカの心理学者スキナー（Skinner, Burrhus Frederic 1904-1990）によって定式化されたオペラント条件づけである。彼は，ネズミやハトを用いて，図3-3のような実験を行った。まず，レバーを押すと餌が出る仕組みのスキナー箱に空腹なネズミを入れる。はじめ，ネズミは自発的にスキナー箱の中を動き回るが，偶然，レバーに触れ餌を得る。この経験を繰り返すうち，レバーを見たら，レバーを押し，餌を得るようになる。また，レバーを押すと電気ショックを与えら

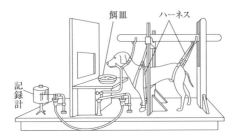

図3-1 古典的条件づけの実験（Yerkes & Morgulis, 1909）
出典：Yerkes, R. M., & Morgulis, S. The method of Pawlow in animal psychology. *Psychological Bulletin*, 6（8）. 1909. p.265.

①アルバートは白いネズミと遊んでいる
②白いネズミを見せると同時に大きな金属音を聞かせる
③アルバートは白いネズミを見ただけで逃げまどう
④白いウサギや髭のお面を見ても逃げまどうようになる

図3-2 ワトソンによる恐怖症実験
出典：山下富美代・井上隆二・井田政則編著『こころの科学』前野書店，1999，p.132.

図3-3 オペラント条件づけの実験
出典：今田寛『学習の心理学』（現代心理学シリーズ3）培風館，1996，p.62.

れる場合には，レバーを押さないようになる。つまり，餌や電気ショックを通じて，レバーに対する反応を増減させることを学習するのである。これら刺激と反応のうち，レバーのような自発的な反応のきっかけとなる刺激を弁別刺激，自発的な反応をオペラント行動，そして，オペラント行動によって得られる刺激を強化子，特に，餌などのようにオペラント行動を増加させる強化子を好子あるいは正の強化子といい，電気ショックのようにオペラント行動を減少させる強化子を嫌子あるいは負の強化子という。これらの用語を使えば，オペラント条件づけとは，強化子である報酬や罰によって，弁別刺激に対するオペラント行動の出現頻度についての学習であるといえるだろう。

　スキナー箱では，ネズミがレバーを押さなければオペラント条件づけが始まらない。しかし，ネズミが自発的にレバーを押すのを待っていると時間がかかるため，実際には，シェイピングという操作を行う。シェイピングとは，最初はネズミがレバーの方に振り向くだけで強化子を与え，それをしたならばレバーに触れたならば強化子を与え，最後はレバーを押したときに強化子を与えるというように，強化子を与える基準を徐々に厳しくしていくことで標的となるオペラント行動に漸次的に接近する方法である。また，現実場面では，強化子を与え続けることが難しい場合がある。たとえば，教室内で教師が生徒に勉強をするよう促すような場合，菓子を与え続けることは不可能である。これについて，プレマック（Premack, David 1925-2015）は，高い生起確率をもつ反応の実行は低い生起確率をもつ反応に対して強化子として作用することを明らかにした。これをプレマックの原理という。このプレマックの原理に従えば，外遊びやテレビゲームのような勉強よりも高確率で出現する行動を見つけ出し，勉強をしたならば高確率で出現する行動をすることを許すことで，勉強を促進することが可能になる。

3.2.3　記憶と知識のメカニズム

　学習の認知説において，学習のもっとも基礎となるのは記憶であろう。新たに入力された情報が記憶されることで行動やそのポテンシャリティが変化するからである。この記憶について，認知心理学では，図3-4のようなメカニズ

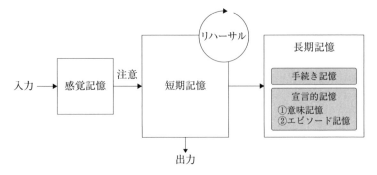

図3-4 記憶のメカニズム
出典：Atkinson, R. C., & Shiffrin, R. M. Chapter: Human memory: A proposed system and its control processes. In Spence, K. W., & Spence, J. T. *The psychology of learning and motivation* (*Volume 2*). New York: Academic Press. 1968. より作成

ムを仮定している。まず，外界の情報はすべて感覚記憶として貯蔵される。つづいて，この感覚記憶のうち，選択的注意を向けられたものだけが，短期記憶として貯蔵され，ほかは消去する。短期記憶の容量は限られているうえに保持時間も短いため，ほとんどは消失してしまうが，ここでリハーサルされた情報だけが長期記憶として半永久的に貯蔵される。そして，長期記憶は想起する必要があるときに検索されて，短期記憶にフィードバックされることで反応として出力される。

　また，長期記憶は単に貯蔵されているのではなく，その内容によって宣言的記憶（宣言的知識）と手続き的記憶（手続き的知識）に分類され，さらにそれぞれの知識構造に沿って整理される。宣言的記憶とは，「昨日の昼食にカレーを食べた」「ドイツの首都はベルリンである」というように，個人的な出来事であるエピソード記憶や誰にでも共有できる一般的な意味情報である意味記憶をいう。一方，手続き的記憶とは，跳び箱の跳び方や計算の解き方などの運動技能や認知技能についての記憶である。それぞれの知識は，宣言的記憶であれば時系列や意味の類似性，手続き記憶であれば行為の手順というように，異なる構造に従って整理されている。その知識構造について，認知心理学では意味ネットワーク・モデルやプロダクション・システムなど多くの理論を提唱して

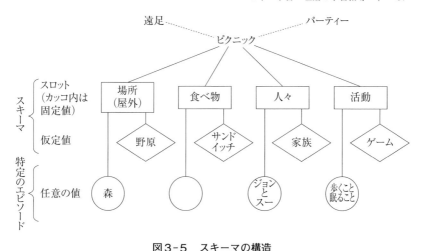

図3-5 スキーマの構造
出典：G. コーエン・M. W. アイゼンク・M. E. ルボア，長町三生監訳『認知心理学講座1　記憶』
　　　海文堂出版，1989，p.20.

いるが，その中で最も包括的な理論は，スキーマ理論であろう。スキーマとは，過去の経験によって形成された長期貯蔵庫内に貯蔵されている一般的知識であるとともに，新たな情報を取り入れ解釈する枠組みでもある。たとえば，図3-5のピクニックについての知識であれば，場所や食べ物，人々，活動といったスロットがあり，その中には，エピソードから得た情報である任意の値が入る。しかし，任意の値がない場合，過去の経験や知識にもとづいて仮定値を入れる。こうすることで，たとえ友人から昨日行ったピクニックの話を聞く際に，何を食べたかを話してくれなかったとしても，「サンドイッチを食べただろう」と解釈することができるのである。

　以上の記憶メカニズムのうち，学習にとってもっとも重要となるのが，新たな情報を短期記憶から長期記憶へ転送するリハーサルである。このリハーサルには，新たな情報を単に繰り返す単純リハーサルと，情報の意味を理解したうえで記銘しやすいように加工する精緻化リハーサルがある。このうち，新たな情報を長期貯蔵庫に積極的に転送するのは後者の精緻化リハーサルである。単純リハーサルでは転送すべき情報を単に短期貯蔵庫に保持し続けるだけの機能

しかもたないのに対して，精緻化リハーサルでは，スキーマの構造に合わせ情報を整理することで，スキーマに取り込む。記銘すべき情報をやみくもに繰り返してもなかなか記銘できないのに対して，その情報の意味を理解して整理したり，イメージ化したりすると容易に記銘できるのは，その情報を既存の知識構造であるスキーマのスロットに任意の値をはめ込むことができるからである。

さらに，これら記憶や知識などの認知的活動より一段レベルが高く，その認知的活動の状態を把握し制御する認知過程を，メタ認知という。メタ認知は，メタ認知的活動とメタ認知的知識に分類される。メタ認知的活動とは，「自分は何を知っているのか」「知るためには何をすればいいのか」というように記憶や知識の状態をモニタリングし，コントロールする認知をいう。一方，メタ認知的知識とは，「私は計算が得意である」「桁数が増えると計算ミスをしやすい」「語呂合わせをすると記銘しやすい」というように，自分の認知特性や課題の性質，学習の方略についての知識をいう。メタ認知能力が高い者は低い者に比べ，試験の成績が良くなることが知られている[1]。これは，自分の認知の状態や課題の性質を正確に把握し，それに適合した学習の方略を適切にコントロールしているからであろう。

3.2.4 学習と動機づけ

学習意欲が高いほど学習効率が高まるように，学習には行動の推進力となる動機づけも不可欠である。動機づけにはさまざまな種類や分類があるが，その中でも学習にとって最も重要なのが，外発的動機づけと内発的動機づけである。外発的動機づけとは，餌や賞賛，叱責のように周囲からの報酬や罰によって生じる動機づけである。一方，内発的動機づけとは，「おもしろそうだ」「もっと知りたい」というように行動すること自体が報酬となる動機づけである。内発的動機づけは，知らないことを知りたいと思う知的好奇心，自分ならば頑張れそうだと感じる自己有能感（コンピテンス），自分の意志で課題に取り組もう

1：Harcker, D. J., Bol,L., Horgan, D. D., & Rakow, E. A. Test prediction and performance in a classroom context. *Journal of Educational Psychology*, 92, 160-170. 2000.

表3-1　罰の使用の欠点

①罰に伴う恐怖や恐れなどの感情は，学習効果を低める
②罰は悪い行動を減らすだけでなく，良い行動も減らす
③罰によってコントロールする場合，常時監視する必要がある
④悪い行動の抑制ではなく，罰の回避を学習する
⑤罰に伴う不快感情が罰を与えた人に向かう

出典：Azrin, N. H., & Holz. W. C. Punishment. In W. K. Honig (Ed.). *Operant behavior: Areas of research and application.* Upper saddle River. NJ: Prentice Hall. 1966. より作成

とする自己決定感によって支えられている。これらが高い場合，内発的動機づけも高まる。

　オペラント条件づけにおいて強化子がオペラント行動を制御することからもわかるように，学習の連合説では外発的動機づけを重視する。しかし，罰によって行動を制御する場合，表3-1のような欠点があることから，スキナーは報酬によってのみ教育活動は行うべきだと主張している。一方，学習の認知説では，内発的動機づけを重視する。なぜならば，スキーマへ新しい情報を取り組むためには知的好奇心や興味・関心が不可欠だからである。

　一般に，内発的動機づけは外発的動機づけに比べ，いくつかの利点がある。第一は，外発的動機づけでは報酬がなくなれば行動が生じなくなるが，内発的動機づけは報酬がなくても行動は持続する。つまり，内発的動機づけでは，学習が長続きするのである。第二は，外発的動機づけでは興味・関心が行動よりも報酬や罰に向くが，内発的動機づけでは行動そのものに向く。つまり，内発的動機づけでは，収入や成績ではなく仕事や勉強に関心が向くため質的な向上や深い理解が得られやすくなるのである。

　また，外発的動機づけは内発的動機づけを低下させるという現象がある。この過剰正当化効果（アンダーマイニング効果）と呼ばれる現象は，デシ（Deci, Edward L. 1942-　）によるつぎの実験によって明らかにされた[2]。まず，大学生の被験者に単純なパズルをさせ，一方のグループには正解するたびに1ドル

2：Deci, E. L. Effects of externally mediated rewards on intrinsic motivation. *Journal of Personality and Social Psychology*, 18, 105-115. 1971.

の報酬を与え，もう一方のグループには正解しても報酬を与えなかった。それを繰り返したあと，被験者を休憩させ，その時の行動を観察した。すると，報酬を与えられたグループはパズルをやめてしまったが，与えられなかったグループはパズルを解きつづけた。これは，当初，「楽しいからパズルをしている」と考えていたが，報酬を与えられることで「報酬がもらえるからパズルをする」と考えるようになったためである。

3.3 学習指導の理論と方法

3.3.1 プログラム学習

　プログラム学習は，スキナーがオペラント条件づけの原理にもとづいて考案した個別学習の方法である。この方法では，ティーチング・マシーンと呼ばれる機械にあらかじめプログラムされた課題が難易度順に提示され，それを学習者が解答していく。そして，学習者に解答の正誤がフィードバックされ，正解ならば次の段階に進み，不正解ならば同じ課題に再び取り組むことで，学習が進行していく。表3-2は，2乗計算についてのプログラム学習の例である。プログラム学習が効果的であるためには，プログラムがつぎの原理に従っている必要があるといわれている。

　①スモールステップの原理……学習目標を下位目標に分け，オペラント条件づけのシェイピングのように，簡単な下位目標から順次達成していく。

　②積極的反応の原理……学習者がどの程度理解したかは，問題に答えさせて判断する。

　③即時確認の原理……解答の正誤は，すぐに学習者に知らせる（即時フィードバック）。

　④自己ペースの原理……学習者個人の最適なペースで学習を進める。

　⑤フェーディングの原理……学習の初期段階では解答のための手がありを多く与えるが，段階が進行するとともに手がかりを減少させていく。

　⑥学習者検証の原理……プログラム良し悪しは，専門家による判断ではなく，

表3-2　直線型プログラム学習

1. 5で終わる2桁の数を2乗するやさしい方法を勉強しよう。35は＿＿＿＿で終わる2桁の数です。
2. 5で終わる2桁の数を2乗するためには，まず10の位の数を見なさい。45の10の位は4です。75の10の位は＿＿＿＿です。
3. 85の10の位は＿＿＿＿です。
4. つぎに，10の位の数とそれより一つ大きい数をかけなさい。例　65のとき，10の位の数6とそれより一つ大きい数7をかけると42になります。また，25では2×＿＿＿＿＝＿＿＿＿です。
5. 35では，＿＿＿＿×＿＿＿＿＝＿＿＿＿。
6. 10の位の数とそれより一つ大きい数をかけた結果を書きなさい。65のときは42，45では20を書きなさい。25のときは＿＿＿＿です。
7. 10の位の数とそれより一つ大きい数をかけた答えのあとに，25を書きなさい。たとえば，35のときは12を書き，そのあとに25を書くと，1225になります。45のときは，20のあとに＿＿＿＿を書くと，2025になります。
8. 25では625です。65では＿＿＿＿。
9. 10の位の数とそれより一つ大きい数をかけた答えを書き，そのあとに25を書くことによって，5で終わる数を2乗したことになります。例　85の2乗は7225，また，25の2乗は＿＿＿＿。
10. 35の2乗は1225，95の2乗は＿＿＿＿。
11. 55の2乗は＿＿＿＿。
12. 85の2乗は＿＿＿＿。

出典：杉村健「学習と授業」北尾倫彦・杉村健・山内弘継・梶田正巳『教育心理学』新版，有斐閣，1991，p.94.

学習者の学習状況から検証する。

　ところで，学習の個人差とは習得する速度の違いである，とスキナーは考えている。この考えに従えば，能力に関係なく問題内容や指導方法は同じでかまわず，学習速度だけを各個人に合わせればよい，ということになる。このようなタイプのプログラム学習を直線型プログラム学習という。一方，クラウダー（Crowder, N. A. 1846-1910）は，個人差を習熟度の違いと捉え，その習熟度別に学習内容は変えるべきであるという考えから，解答の正誤によって学習プログラムが枝分かれする分岐型プログラム学習を提唱している（図3-6）。このほかに，この2つのプログラム学習の違いとしては，誤答についての考え方がある。直線型プログラム学習では，学習は正解したときのフィードバック

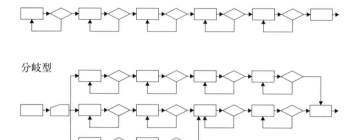

注：☐は問題，◇は解答。☐は多肢選択の答えにしたがって，次に提示される問題が異なってくる。

図3-6 直線型と分岐型プログラム学習
出典：竹鋼誠一郎「どのように教えるか」鎌原雅彦・竹鋼誠一郎『やさしい教育心理学』改訂版，有斐閣，2005，p.135.を一部改変

（報酬）によって成立するのであって，誤答からは何も学ばないのだから，誤答しないようなプログラムを作るべきだと考える。一方，分岐型プログラム学習では，誤答に対して適切なプログラムが用意されていれば，誤答が生じるような問題があってもかまわないと考える。これらプログラム学習は，ティーチング・マシーンのコンピュータ化に伴い，コンピュータを活用した個別学習システム（CAI）や授業計画・実施・評価システム（CMI）へと発展した。

3.3.2 完全習得学習

　完全習得学習（マスター・ラーニング）とは，アメリカの教育心理学者ブルーム（Bloom, Benjamin Samuel 1913-1999）によって提唱された，学習者のほぼ全員が教育内容を完全に習得することを目的とする一斉学習の方法である。この学習指導の方法は，学習の成果の程度は，学習を達成するために必要な時間に対して，実際にどれだけ時間を使ったかの割合で表現できるとするキャロル（Carroll, John B. 1916-2003）の理論を基礎にしている。この理論によれば，学習の成果は，個人の適性や資質ではなく，その個人が学習に費やした時間に

よって決まることから，ブルームは，どのような学習者であっても，また学習内容であっても，学習者の特性や授業の質を考慮したうえで，時間さえ費やせば学習内容を完全に習得できると考えた。

具体的な方法は，つぎの手順に従う。

①目標設定……授業目標を設定するとともに，最低到達基準を明確にする。

②診断的評価……授業の前に学習者がどの程度の知識をもっているかどうかを評価する。

③授業計画立案……設定した目標と診断的評価の結果にもとづき，授業計画を具体的に立案する。

④授業の実施……通常，一斉学習の形式で授業を行う。

⑤形成的評価……これまでの授業を習得しているかどうかを評価する。

⑥治療的指導……形成的評価の結果から，習得の程度が不十分の学習者に対して治療的指導を行う。治療的指導には，課題の達成が不十分な場合に再度指導し直す再学習，不十分な部分について補充的な指導を行う補習，形成的評価の結果をうけて指導の内容やテンポを変える学習調整，形成的評価の結果から児童生徒をグループに分けて指導する学習分岐がある。

⑦総括的評価……授業目標への到達の程度を評価する。

以上の具体的な手順のうち，完全習得学習が実現するために重要な手順となるのが，形成的評価と治療的指導である。形成的評価によって学習上の問題点を詳細に把握でき，それを補う治療的指導を適切に実施できるからである（Ⅰ部4章4.3.1参照）。

3.3.3 発見学習

実際の授業の多くは，学習すべき知識や技術が最終的な形で提示される。このような学習を受容学習という。これに対し，アメリカの認知心理学者ブルーナー（Bruner, Jerome Seymour 1915-2016）は，学習指導が学習者に知識や技術を獲得するための規則や，その規則にもとづいて得られた結果を評価するための技法を提供しなければならない考え，その考えにもとづいて発見学習を提唱した。発見学習とは，表3-3のような段階を経て，教科で習得する法則

表3-3 発見学習の具体的な流れ

①学習課題の把握	問題場面から発見すべき課題を学習者に明確に捉えさせる段階
②仮説の設定	与えられた資料に基づいて仮説を立てる段階
③仮説の練り上げ	仮説を理論的なものにし，検証方法を考える段階
④仮説の検証	資料と照合して証明したり，実験してみたりして検証する段階
⑤発展と検証	仮説検証で得られた事柄を統合し，結論を出す段階

出典：水越敏行編『視聴能力の形成と評価：新しい学力づくりへの提言』日本放送教育協会，1981. より作成

や概念を教師がそのまま教えるのではなく，それらが発見されるに至った過程を児童生徒に再体験させることで，法則や概念を自ら発見し習得する学習指導である。表3-4に小学5年生を対象にした漢字の成り立ちについての発見学習の例を示す。

　発見学習の利点の第一は，学習者が自ら法則や概念を発見することで，「やればできる」という自己有能感をもつことである。また，受容学習に比べて内発的動機づけ（Ⅰ部3章3.2.4参照）を伴うため，学習活動が持続する。第二は，学習すべき知識や技術そのものを教えるのではなく，それらを発見する仕方を学ぶので，学習者は問題意識と具体的な事実の観察にもとづいて仮説を設定し，客観的に検証する能力を身につけることができる。そして，第三は，発見を通じて学習者がもっていた概念間の関係性や類似性，すなわち既存のスキーマが変容することから，精緻化した記憶が形成される。一方，発見学習には，適した学習内容に限りがある，教材を作成する手間が非常にかかる，児童生徒が主体となって授業が進行するため教師の予定通りに展開しない，などの短所もある。

3.3.4　有意味受容学習

　教師が主体となって授業が進む受容学習は，発見学習に比べて，効率よく知識を伝達できるという長所がある。アメリカの心理学者オーズベル（Ausubel, David Paul 1918-2008）は，学習指導が発見学習と受容学習に区別できるとと

表3-4　漢字の成り立ちについての発見学習

(1) 課題を捉える	○わたしたちの使う文字には，どのようなものがあるのだろう。 ○それらはどのようにして生まれたのだろう。 ○仮名は私たちの祖先の努力で考え出されたが，漢字はどのようにして生み出されたのだろう。
(2) 直観的な仮説予想	○・物の形をもとにしてできたのではないか。 ・できた文字を組み合わせて作ったのではないか。 ・その他（中国から伝わったのだから，どうしてできたかは不明 etc.） 〈象形文字と指事文字〉 ○・漢字の成り立ちは複雑なようだが，2種類のでき方（象形・指事文字）に限定して考えていこう。
(3) 仮脱（予想）をねり上げる	○資料1をもとにして，物の形をもとにしたもの，組み合わせてできたものを区分してみよう。 （資料1）……木，山，一，上，林，森，積，源，河，月，田，二，下，明，男，花 ○a 物の形をもとにしたもの……木，山，月，田 　b 文字を組み合わせたもの……林，森，明，男 ・その他の文字は，bと同じパターンに入れられない。 ○2種類でなくて，3種類のでき方があるのでないか。とくにbを再吟味してみよう。 ・林，森，明，男は二つの漢字の意味の組み合わせ。 ・積，源，花，河は一つの漢字の意味と，一つの漢字の音の組み合わせ（形声文字）。
(4) たしかめとまとめ	○資料2の漢字を，生いたち別にわけてみよう。 （資科2）……中，口，鳴，鳥，坂，末，魚，江 〈四種類の文字〉 ○a　物の形をもとにしてできたもの（象形文字）山，月，など 　b　二つの漢字の意味をあらわしたもの（会意文字）林，明など 　c　ことがらの特徴を点や線であらわしたもの（指事文字）上，下など 　d　一つの漢字の意味と，一つの漢字の音を組み合わせたもの（形声文字）源，花など
(5) 発展	○・教科書や文庫本の漢字を生いたち別にわけてみよう。 ・もっと他にも種類があるかどうかも考えてみよう。

出典：水越敏行『発見学習入門』明治図書，1977, pp.107-108.

もに，学習内容を機械的に丸暗記する機械学習と学習内容の意味を積極的に理解する有意味学習にも区別できるという観点から，受容学習も有意味学習であれば効果的な指導法になると考える。このような学習指導を有意味受容学習という。ここでいう学習内容の理解とは，精緻化リハーサルを行い，新たな情報を既存のスキーマに組み入れることである。そのためには，学習者が新たな学習内容を既存のスキーマに組み込みやすくなるよう，指導者はあらかじめその学習内容を理解しやすくし，方向づける情報を与える必要がある。この情報を先行オーガナイザーという。この先行オーガナイザーには，学習内容全体の要約や構造を示す解説オーガナイザー，これまでの学習内容をまとめて新たな学習内容と比較する比較オーガナイザー，視覚的な図によって学習内容を提示する図解オーガナイザーなどの種類がある。いずれも，先行オーガナイザーによって，学習者がすでにもっているスキーマの関連部分を活性化したうえで，後続の学習内容がそのスキーマ内に保持しやすいようにする。有意味受容学習が成立するためには，学習材料が有意味でなければならないだけでなく，児童生徒が学習材料を取り入れるために必要なスキーマをもち，かつ積極的に取り入れる意図をもっていなければならない。そのため，この方法は，スキーマがある程度発達している形式的操作期（Ⅰ部1章1.4.1参照）の11歳以降の学習者に効果的である。

3.3.5　適性処遇交互作用（ATI）

　以上に示したように，学習指導の方法には，さまざまな種類がある。これらのうち最も効果的で最適なものがあるわけではなく，どの学習指導の方法が有効かは学習者の特性や学習課題・環境によって決まるといえるだろう。このことを示す例として，クロンバック（Cronbach, Lee Joseph 1916-2001）によって提唱された適性処遇交互作用（ATI）がある。ここでいう適性とは，能力や学力，習熟度だけではなく，興味・関心，認知スタイル，性格などあらゆる学習者の特性をさす。また，処遇とは，学習指導の方法や学習環境，教材などを指す。そして，どの処遇が，効果的な学習成果をもたらすかは，学習者の適性によって異なると考える。それを図式的に示したものが，図3-7である。X

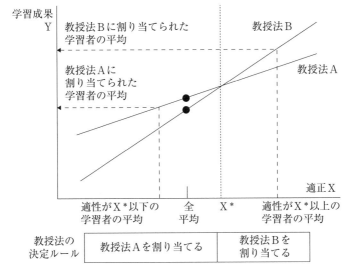

図3-7 適性処遇交互作用
出典：Cronbach, LJ, Snow RE. Aptitude and Instructional Methods: *A handbook for Research on Interactions*. Irvington Publishers. New York. 1977, p.90.

軸に適性の程度，Y軸に学習成果をとった場合，処遇Aは適性平均X*以下の学習者に効果的であり，処遇Bは適性平均X*以上の学習者に効果的となるので，それぞれ最適な処遇を割り当てるのである。大学生に物理学入門コースを教える授業にあたって，映画による指導と教師による指導とを比較した研究[3]では，対人積極性が高い者は教師による指導の方で，対人積極性が低い者は映画による指導の方でよい成績をとることが明らかになった。このように，学習指導の方法によって，学習者はより効果的に学習成果を上げる可能性があることから，授業の際には指導方法を臨機応変に変える必要がある。

3：Snow, R., Tiffin, J., and Seibert, W. (1965). Individual differences and instructional film effects. *Journal of Educational Psychology*, 56, 315-326. 1965.

4章
教育の測定と評価

　教育では，児童生徒が授業内容を習得しているかどうかをテストなどの方法で測定し，その結果を用いて評価を行う。さらに，この測定や評価は，児童生徒の習得状況を確認するだけではなく，児童生徒の学習，教師の指導方法，カリキュラムなどの教育活動全体を改善するための資料を提供する。本章では，児童生徒の習得状況を的確に把握し，教育活動を改善するための教育評価のあり方について解説する。

4.1　教育評価とは

4.1.1　教育評価の目的と意義

　心理学では，知能や性格などのさまざまな心理的特性について，検査や行動観察を通じて測定し，評価を行う。ここでいう測定とは，心理的特性を特定の検査によって測ることをいう。また，評価（査定という場合もある）とは，測定の結果にもとづいて，他の検査や行動観察，他者あるいは全体平均との比較を通じて社会的意味や価値を付与することをいう。評価に類似した言葉に，評定があるが，これは評価の結果を数値化したり段階に振り分けたりして序列化したものをいう。したがって，教育評価とは，教育に関わる諸事象を測定した結果に社会的意味や価値を与える作業といえるだろう。
　一般に，教育評価は児童生徒に成績をつけることと理解されがちであるが，以上の評定，測定，評価の区別から考えると，これは評定をさしている。また，

実際の教育評価には，つぎのようにさまざまな意義や目的がある。第一は，児童生徒に学習の進捗状況についての情報を与えることである。評価がフィードバックされることによって，児童生徒は学習内容の理解の程度を明確に把握することができる。第二は，教師に学習指導のための資料を提供することである。評価を通じて，教師は学習指導が適切かどうかを判断でき，不適切であればどの点を改善すればよいかが明確になる。そして，第三は，保護者との連携の手段となることである。通信簿などにみられるとおり，学校での児童生徒の様子を評価として伝えることで，保護者との連携がしやすくなる。また，そのほかに，教育評価はカリキュラムや学校経営の改善にも利用される。

ここで留意すべきことは，教育評価は児童生徒の値踏みや選別ではなく，学習指導の一環として行われるべきものである，という点である。教育評価と学習指導は別物ではなく，教育評価の結果によって学習指導を改善し，その学習指導を再度評価するという一連の過程を経て，両者の質を高めていかなければならない。これを，指導と評価の一体化という。

4.1.2 教育測定から教育評価へ

また，教育評価は，測定において客観的で正確であるとともに，評価すべき学力を適切に捉えている必要がある。これについて，ソーンダイク（Thorndike, E.L. 1874-1949）は，当時，主流であった口頭試問・論述試験が正確さや客観性に欠けると考え，教育測定運動を展開した。その中で評価の基準を行動レベルで細分化するとともに，客観テストを開発し，その結果を数量化し相対的に評価することで，評価の正確化と客観化に貢献した。さらに，同じころ，フランスの心理学者ビネー（Binet, Alfred 1857-1911）によって考案された知能検査法（ビネー・テスト）に基づいてスタンドフォード・ビネー知能尺度を開発したアメリカの心理学者ターマン（Terman, Lewis Madison 1877-1956）は，その知能尺度にIQ（知能指数）を導入することで知能を数量的に捉えるとともに，児童生徒の知能は生得的に決定しているから，それを正確に反映したIQにしたがって能力別に教育活動を実施すべきだと主張した。

一方，アメリカの教育学者タイラー（Tyler, Ralph W. 1902-1994）は，この

表4-1　教育測定と教育評価の違い

教育測定	教育評価
学習効果を客観的に操作することによって，厳密かつ正確に量的に表現しようとする	価値に関連し，流動する教育目標に向かう児童生徒の成長及び発達過程に関心を持つ
能力を測定するための道具（テスト）の客観性，信頼度と統計的基準を重視する	能力を測定するための道具（テスト）の妥当性を本質的なものと考える
主に，教科の達成と知識と児童の孤立的な行動を評価の対象とする	児童生徒の経験と学習の動機と学習に関わる全体的行動を評価の対象とする

出典：山村豊「学習指導と教育評価」山村豊・青木智子編著『学びのための心理学』北樹出版，2015，p.99.

　ような教育測定運動に対して，評価の規準が細分化された行動であるため，児童生徒を全体的，有機的，統一的に把握できない点や，その評価が学校でしか通用せず社会などの学校外でも必要とされる能力や特性を適切に測定していない点，選別機能のみが重視され，児童生徒の学力の向上に寄与していない点を批判した。そして，これらの教育測定運動の批判をふまえ，試験やテストの結果としての評価は，児童生徒を値踏みするものではなく，児童生徒の学力の改善やカリキュラムの反省を促すために実施される必要があると提唱した。その考えは，カリキュラム－授業－評価を一貫させるべきだとするタイラー原理としてまとめられている。

　今日，「教育測定」と「教育評価」とを区別する場合，前者はソーンダイクの教育測定運動をさし，後者はタイラー原理に基づいた教育活動を意味する。また，前者が知能や学力を正確かつ客観的に測定するための方法であるのに対し，後者は態度や習慣などを含めた全人格を対象として児童生徒の進歩や発達を把握することを目的とするという意味が含まれている。両者の違いを表4-1にまとめる。

4.2 テスト：学力の測定

4.2.1 テストの分類

　さまざまな目的で実施される測定の中で，テストは最もポピュラーな道具の一つである。そのテストは，測定対象によって，学力テスト，知能テスト，性格テストなどに分類される。また，テストは，作成の手順によって標準テストと個別作成テストに分類される。前者は問題の出題や解答形式が一定で，児童生徒が集団の中で位置づけられるよう標準化されたテストをいい，後者は測定目的や対象に応じて作成され，到達度に照らして解釈されるテストをいう。前者の例は標準学力テストや知能テストであり，後者の例は各科目の中間テストや期末テストなどである。

　さらに，解答形式によって客観テストと論文体テストに分類される。前者は，採点が客観的にされるよう作成されたテストで，後者は設問に対して文章による記述で解答するテストをいう。客観テストの解答形式には，○×で解答する真偽法，いくつかの選択肢から正答を選ぶ多肢選択法，適切な組み合わせを選ばせる組み合わせ法などの記憶の再認を求めるものと，正解を記述させる単純再生法，文章の空欄部分に正解を記述させる完成法などの記憶の再生を求めるものがある。一方，論文体テストは，解答する文章量に応じて，与えられた設問や自分が設定したテーマについて意見とその根拠を文章によって論じる論文形式，設問に対して自分の意見などを比較的長い文章で説明する小論文形式，設問に対して短文で説明する論述形式などがある。客観テストと論文体テストには，表4-2に示すように，それぞれ長所と短所がある。

4.2.2 テストの信頼性と妥当性

　テストにおいて，まず重要となるのは信頼性である。信頼性とは，テストが学力などの測定したい対象を，誤差なく正確に測っている程度をいう。信頼性は，安定性と一貫性（等質性ともいう）から構成されている。安定性とは，同

表4-2　客観テストと論文体テストの長所と短所

	長所	短所
客観テスト	①採点者間による評価が一致する ②多くの問題を出題できる ③採点が容易	①断片的な知識しか測定できない ②「まぐれ当たり」が生じる
論文体テスト	①思考力や表現力など幅広い能力を測定できる ②真の能力を測定できる	①評価の基準が一定ではない ②多くの問題を出題できない ③採点が難しい

表4-3　テストの信頼性を高める方策

①問題数が多いこと
②テスト時間の長いこと
③「はい」と答える割合や正当率（通過率）が半々に近いこと
④質問の指示や意図が不明確、あいまいでないこと
⑤質問内容や形式が均質であること
⑥解答に偶然的要素がはいる余地が少ないこと
⑦採点が客観的に決められていること
⑧被験者集団の分布が広いこと
⑨被検者の精神的身体的条件が良好であること

出典：池田央『行動科学の方法』東京大学出版会，1971，p.137.

一人物に同一の条件で同一のテストを行った場合に同一の結果が得られる程度をいう。ある人物に国語のテストを実施し、その数日後に同じテストを実施した場合、ほぼ同じ点数であれば安定性は高いことになる。また、一貫性とは、同一人物に同じようなテスト（同じテストではない）に対して同じ結果が得られる程度をいう。ある人物に国語のテストを実施し、別の国語のテストを実施しして同じ成績になるならば、一貫性は高いことになる。テストの信頼性を高めるには、表4-3のような方策がある。

　テストにおいて、もう一つ重要となるのは、妥当性である。これは、テストが測定したい対象を適切に捉えている程度をいう。たとえば、国語の文章読解力を測定するために、漢字の問題を出題したとしよう。この場合、漢字の正誤は正確に測定できるので信頼性が高いのだが、測定したい文章読解力と問題が

対応していないため妥当性は低いことになる。この妥当性は，主につぎの3つに分類される。第一は，テストの項目を測定したい対象のすべての範囲を偏りなく適切に抽出している程度を示す内容的妥当性である。たとえば，小学4年生の国語の学力を測定したい場合，テストの項目は小学4年生の国語の指導要領の全範囲から重要な項目を偏りなく選ばれていれば，内容的妥当性は高くなる。第二は，テストが何らかの外的基準と相関している程度を示す基準関連妥当性である。特に，その外的基準が他の信用できるテストである場合を併存的妥当性，将来の成績や業績のような場合を予測的妥当性という。たとえば，高校の入学試験の基準関連妥当性を検討する場合，高校3年間の調査書との相関が高ければ併存的妥当性が高いことになり，高校3年間の成績との相関が高ければ予測的妥当性が高いことになる。そして第三は，測定したい対象がテストの得点に実際に反映されている程度を示す構成概念妥当性である。たとえば，数学の応用力を測定するためにテストを実施する場合，そのテストの得点が教科書の丸暗記やテストのテクニックなどの影響を受けず，数学の応用力のみを反映していれば，このテストは構成概念妥当性が高いといえる。

4.2.3 真正の評価

ところで，テストで問題となるのは，学校の中でしか通用しないような特殊な能力のみを測っている，という批判である。これについて，ウィギンズ（Wiggins, Grant 1950-2015）は，現実の日常生活の中で求められる能力を評価する真正の評価の必要性を主張している。この主張は，教育評価において信頼性よりも妥当性を重視することを意味する。たとえば，運転免許の路上検定は，偶然の要因で結果が左右されるという点で信頼性は低いが，日常場面における運転技能を反映しているという点では妥当性が高い。このような真正の評価や妥当性の重視の具体例として，ポートフォリオ評価やパフォーマンス評価がある。ポートフォリオ評価では，児童生徒が学習した成果（記録や作品）を学習した順にファイルしたものを，教師は指導・評価に活用し，児童生徒は自己評価や他の児童生徒の相互評価に役立てる。一方，パフォーマンス評価では，「説得力のある意見書を書く」というような現実的な課題を児童生徒がさまざ

まな知識や技能などを用いながら成し遂げるプロセスや結果を直接的に評価する。

4.3 教育評価の種類とはたらき

4.3.1 絶対評価・相対評価・個人内評価

　教育評価には，さまざまな種類や分類があるが，もっとも一般的なものとして，評価基準による絶対評価と相対評価がある。

　絶対評価は，「学習指導要領」やカリキュラムなどであらかじめ定められた教育目標や授業目標に到達した程度によって評価する。このような絶対評価は，戦前の考査による認定評価と区別するため，目標に準拠した評価と呼ぶ方が適切だろう。この目標に準拠した評価において，評価を形成的評価と総括的評価（Ⅰ部3章3.2.2参照）に区分することは，きわめて重要である。総括的評価は，教育目標へどの程度到達しているかを評価するが，教育目標に到達するためには形成的評価を通じて教師や児童生徒自身が教育活動を改善していく必要があるからである。このことからも，目標に準拠した教科は，指導と評価の一体化に適合した教育評価であるといえる。一方，相対評価は，児童生徒の属する集団の成績の平均とばらつき具合（標準偏差）に基づき個人の成績を評価する。集団内で評価をグループ化する5段階評定（図4-1）などは，相対評価の典型である。絶対評価と相対評価には，表4-4に示すようにそれぞれ長所と短

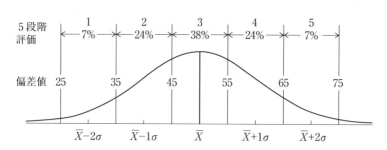

図4-1　正規分布と5段階相対評価 ($\overline{X}$：平均，σ：標準偏差)

表4-4 絶対評価と相対評価の長所・短所

	目標に準拠した評価	相対評価
長所	①評価基準が到達すべき目標であるため，事前に設定できる ②児童生徒の到達度や成功失敗を，他の児童生徒との比較ではなく，直接明らかにできる ③指導と評価の一体化に適している	①教師の主観が入りにくい ②評価基準が集団の平均にしたがうため，評価基準の高低にあまり影響されない ③評点の意味が確定していて，同一の集団に関する限り，客観的で信頼できる
短所	①評価基準が教育目標にしたがって設定されるため，曖昧である ②到達目標の分類や設定，テスト項目の作成，達成基準の設定などが難しく，主観的になる ③評価基準が集団に共通した基準であるため，個性を最大限に尊重したものではない	①集団が評価基準であるため，指導の成果を直接評価できない ②成績の分布にしたがうため，個人の意欲や努力が埋もれてしまう ③学習目標への到達度を示さないため，指導と結びつきにくい ③集団が異なると比較ができなくなる

所があるが，相対評価が児童生徒の序列化によって学力競争を激化させるとともに，指導と評価の一体化には適していないなどの批判から，2002(平成14)年の「学習指導要領」の全部改正によって，わが国の教育評価は目標に準拠した評価が導入されている。

　個人内評価とは，「ユタカ君は算数の成績はよいが，国語の成績はよくない」というように個人内の異なる能力間の成績を比較する場合（横断的個人内評価）や，「カズヒロ君は1学期に比べ2学期の成績がよくなった」というように個人の過去と現在の成績を比較する場合（縦断的個人内評価）のように内的基準に基づく評価をいう。この評価は，単独では他との比較ができないために相対評価や絶対評価の補助的評価して使用されることが多いが，児童生徒の個人の長所・短所や発達・進歩の状況を把握することができるため，学習指導の有用な情報を提供する。

4.3.2　評価規準と評価基準，ルーブリック

　目標に準拠して評価をするためには，到達すべき目標を明確にするとともに，

その目標に到達している程度を把握しなければならない。到達すべき目標を具体的に表現したものを評価規準といい，その評価規準にしたがって評価する際の指標となるものを評価基準という。たとえば，鉄棒についての授業であれば，「逆上がりができる」「前回り下りができる」「足抜き回りができる」といった個々の具体的な到達目標が評価規準であり，「逆上がりができる」の評価規準について「補助板を使わずに逆上がりができる」「補助板を使って逆上がりができる」「逆上がりができない」といった達成の程度の指標が評価基準である。なお，規準と基準は，発音すると同じになるため，前者を「ノリジュン」，後者を「モトジュン」と区別することがある。

　ルーブリックは，パフォーマンス評価において課題遂行の成功の程度を絶対評価するための判断基準表である。一般に，縦軸に教育活動の内容を，横軸に教育活動で想定される評価規準を列挙し，その中にこれらを具体的に文章で表現した評価基準を並べる。この評価基準に得点を与え，総括的に得点が算出できるようになっている。

4.3.3　工学的アプローチと羅生門的アプローチ

　目標に準拠した評価では，教育目標と教育評価とは密接に関連しており，学習活動に先行して設定される教育目標に従って指導や評価を行うことになる。それ故，教育目標とそれによって作成されたカリキュラムを超えることができない，という批判がある。アイスナー（Eisner, Elliot Wayne 1933-2014）は，美術教育の観点から，明確な教育目標に基づき，その達成をめざす教育活動は画一的な成果しかもたらさない工場モデルであると主張した。そして，教育の出発点は，明確化した教育目標ではなく，児童生徒に対して自由と好奇心に満ちた学習の機会を提供することであり，教師に求められるのは指導から得られた「思わぬ成果」を評価できる教育的鑑識眼であると主張した。このような教育目標にとらわれない評価を，スクリヴァン（Scriven, Michael 1928-　）はゴール・フリー評価と呼んでいる。

　実際，成果がみえやすい知識・技能の習得については教育目標を設定しやすいが，より高次の思考力や判断力，応用力などは教育目標を設定することが難

図4-2　工学的アプローチと羅生門的アプローチ
出典：文部省大臣官房調査統計課編『カリキュラム開発の課題：カリキュラム開発に関する国際セミナー報告書』大蔵省印刷局，1975，p.50.

しい。このことから，最近では，教育目標の設定とカリキュラム開発の方法として，図4-2に示す工学的アプローチと羅生門的アプローチを併用することが求められている。工学的アプローチでは，一般目標を下位の具体的な特殊目標や行動目標に細分化することでカリキュラムを編成するため，それらの到達度に従って評価する。一方，羅生門的アプローチでは，一般目標を設定はするものの，特殊目標や行動目標は設定せず，即興的で創造的に授業を展開することから，多様な視点から一般的目標に照らして判断・評価する。前者の工学的アプローチによる評価は目標に準拠した評価であり，後者の羅生門的アプローチによる評価はゴール・フリー評価であることから，今日の教育実践では，この両者の教育評価を柔軟かつ適切に用いることが必要であるとともに，これらを教育指導と結びつけながら使いこなす技術と教養をもつ教師の育成が求められる。

コラム１：いっしょにうたおう，はずんじゃおう！

　特別支援学級の子どもたちと学校司書との関わりについて，特にリズムを念頭に私の経験をお話しします。
　「ことばは　はずむ」「ことばは　おどる」「ことばは　かなでる」
　これが私の物語活動の大本です。物語を声に出して語ることは，すなわち音の響きを届けることであり，そこにはリズムがあります。人がことばを使うようになったときから，人は物語を語り，それを聞くことを楽しんできました。大勢で物語を囲むことは人間の文化の根源です。特別支援学級の子どもたちとお話を楽しむときも，リズムとともに味わうことを中心としています。
　お話をリズムとともに楽しむための入り口として手軽な本は，囃子ことばがまっすぐに繰り返し出てくる作品です。
　『きょだいな　きょだいな』（長谷川摂子作，降矢なな絵，福音館書店）では，「あったとさ　あったとさ　ひろいのっぱら　どまんなか　きょだいな　○○があったとさ」というフレーズが繰り返し出てきます。この部分をみんなでいっしょに声を合わせます。特に手順を説明するまでもなく，はじめの場面でまず私が読み，「あったとさ……のところをみんなで言ってみようね，サン，ハイッ！」と一度練習すれば，「はい，つぎは○○ですよ，せーの」という掛け声だけで声を合わせられます。さらに一歩進めて，この本をみんなで楽しんだあとに「○○学級版　きょだいな　きょだいな」をつくったこともあります。それぞれきょだいな何かを描きます。文章で表現できる子は，そこに「あったとさ……こどもが100にんやってきて○○○……」とことばをいれます。
　『キャベツくん』（長新太さく，文研出版）のシリーズはもっと単純です。「キャベツくん」で，「ブキャ」とみんなでのけぞるのもよいでしょう。
　『ブタヤマさんたら　ブタヤマさん』では「ブタヤマさんたら　ブタヤマさんこっちをみてよ　ブタヤマさん」と，みんなで呼びかけましょう。『キャベツくんのにちようび』では「いらっしゃい　いらっしゃい　おいしいものが　ありますよ」と，みんなで手招きましょう。もちろん，手招きの手振り，身振り付きで。
　個別の支援を必要とする子どもたちは，全員が思うように声に出せるわけではありません。声にはならず，身体の動きで参加してくれる子もいます。つい奇声になってしまいながらもノリノリになる子もいます。あるいはじっと，ただ固まっている子もいます。どのような形であれ彼らなりに，ことばや話を受け取ってくれていることでしょう。
　たとえば，こんなことがありました。新しい学年が始まって間もなく，『めっき

雨の休み時間　　　　　　　　　　実物展示も図書館の要

らもっきらどおんどん』（長谷川摂子文，降矢なな絵，福音館書店）を読みました。そのときは黙って，ほとんど反応なく聞いていた4年生のS君。後日の歩き遠足の時，近くを歩いていた私に対して，「めっきらもっきら，やって」とねだってきました。そこで「ちんぷく　まんぷく　あっぺらこの……」というフレーズを何度も歌いながら一緒に歩きました。

　リズムは歌や囃子ことばだけにあるものではありません。地の文も，ことばの調子を整えながら子どもたちに届けられます。語りや読み聞かせは，「間」をしっかり取り，ページをめくるタイミングを計り，子どもたちをことばにのせるようにしながら，お話の世界へ案内します。普通の文章であっても，声に出して読むことはことばの響きを届けることなのです。

　お話はリズムとともにあるということが，いっそう顕著に感じられるのは語りです。お話を語ることは，ひとつの曲を聞き手とともに楽しむことに似ています。一人一人の顔を見ながら，手をさしのべ，子どもの手をとるように語りかけます。相手があっての語りですから「間」がとても大事です。

　『ジャックと豆の木』（イギリスの昔話）の中で，ジャックが大男から逃げる場面では「ジャックは走って，走って，走って，（半拍休符）大男は追いかけて，追いかけて，追いかけて」というシーンがあります。そこで，子どもたちが息をのんで，体ごとうなずきながら聞き入っているさまをみると，こちらのリードで一緒にダンスを踊っているような気持ちになります。

　人の肉声にはとても力があります。それは肉声には必ず感情が伴っているからです。物語を肉声で，調子を整えて語り掛けることは，子どもたちの心をはぐくむ大きな力となることでしょう。そのとき子どもたちからの反応が薄いように感じられても，あるいは反応が無いように思われても，ことばは子どもたちの内面にしっかり届いているに違いありません。

II部　学校教育の理念，思想と歴史

5章
教育の本質と目的

5.1 "教育＝学校"なのか

　筆者は，毎年ある授業の初回冒頭で，受講する学生に「みなさんは，何年教育を受けてきたか」とたずねている。すると，大半の学生が，幼稚園以降の「学校」に通って学んだ年数を答えるのである。「教育」というと，「学校」を強くイメージするのであろう。学生に限らず，本書の読者のなかでも，同様に答える人は少なくないかもしれない。

　確かに，教育にとって学校の果たす役割は重要であり，大きい。しかし，学校だけが教育を担っているわけではない。子どもの教育に関することは何でも学校に任せればよいという風潮が一部にあるが，これは大きな誤りである。教育は，家庭も，地域や社会も担っているのである。つまり，教育には，学校教育のほかに，家庭教育，社会教育があり，いずれの果たす役割も大切である。この点をまずおさえていきたい。

5.2　教育とは何か

5.2.1　教育の必要性

　人（ひと）がほかの生物と異なる点を挙げるとすれば，直立二足歩行すること，言葉をもっていることなど，さまざまな点が挙げられる。しかし，最大の

違いは、カント（Kant, Immanuel 1724-1804）が言ったように、「人間は教育を受けることによってはじめて人間になることができる」ということであろう。

ほかの生物は、生きていくために必要な能力や技術などが遺伝子に組み込まれ、生まれながらに身につけている（生得的行動）。これに対して、ヒトには、生得的行動はほとんど存在せず、生まれてから学ぶことによって生活に必要なほとんどの能力や知識、技術などを身につけていくのである[1]。たとえば、読み書き能力（識字）は、それを学ばなければ、身につかない。開発途上国で識字教育が必要とされているのは、識字率が低い状況にあるからであるが、その要因には子どものころに十分な教育を受ける機会（読み書きを学ぶ機会）がなかったことがある。

「人間」という言葉が示すとおり、「人」と「人」との相互の関係性の中で学ぶことによって、ヒトは人となることができるのである。このプロセスが発達であり、それを教育が促したり、助けているのである。発達と教育は不可分の関係にあるとってよい。生物としてのヒトが社会的な存在としての人になるためには、教育が不可欠なのである。

このことを証明する事例の一つが、アヴェロンの野生児である。1799年に南フランスのアヴェロンの森で、11～12歳頃の少年が保護された。彼は、5～6歳頃から発見されるまで森の中で人と隔絶した孤独な環境下で生活していたとみられ、言葉はおろか人らしい行動様式をほとんど身につけていなかった。1920年にインドのカルカッタ近くの森で発見された狼に育てられた2人の少女（アマラとカマラ）のケースもほぼ同様であった。

5.2.2 教育の理念

では、改めて、教育の定義をみておこう。教育学者の汐見稔幸は、「先に生まれた世代が後に続く世代に対して、その社会で生きていくのに必要な能力や態度、価値規範などを持続的に形成していく営み」[2]と定義している。

もちろん、教育については、これまでにさまざまな理念が提起されてきた。

1：大森正ほか『教育研究入門』梓出版社，1993，p.3-5.
2：汐見稔幸ほか編著『よくわかる教育原理』ミネルヴァ書房，2011，p.2.

ここでは，近代以降の主なものを紹介したい。

フランスの思想家ルソー（Rousseau, Jean-Jacques 1712-1778）は，『エミール』（1762年出版）のなかで，次のように述べている[3]。

> 社会の秩序のもとでは，すべての地位ははっきりと決められ，人はみなその地位のために教育されなければならない。その地位にむくようにつくられた個人は，その地位を離れるともうなんの役にもたたない人間になる。教育はその人の運命が両親の地位と一致しているかぎりにおいてのみ有効なものとなる。そうでないばあいには生徒にとっていつも有害なものとなる。（中略）
> 　自然の秩序のもとでは，人間はみな平等であって，その共通の天職は人間であることだ。だから，そのために十分に教育された人は，人間に関係のあることならできないはずはない。わたしの生徒を，将来，軍人にしようと，僧侶にしようと，法律家にしようと，それはわたしにはどうでもいいことだ。両親の身分にふさわしいことをするまえに，人間としての生活をするように自然は命じている。生きること，それがわたしの生徒に教えたいと思っている職業だ。（中略）
> 　そこでわたしたちの見方を一般化しなければならない。そしてわたしたちの生徒のうちに，抽象的な人間，人生のあらゆる事件にさらされた人間を考察しなければならない。

ルソーが『エミール』を著したのは，フランス革命（1789〜1799年）直前の時代であった。『エミール』と同年に出版した『社会契約論』とともに，市民革命後の国家，政治，教育のあり方を述べたのである。具体的には，市民革命後の"自然の秩序のもと"での教育を，従来（身分制，封建制）の"社会の秩序のもと"での教育との対比で叙述している。

ルソーは，また，子ども期を発見している（子どもという観念の誕生）。フランスの歴史家アリエス（Aries, Philippe 1914-1984）も，「中世の社会では，子供期という観念は存在していなかった」[4]と述べている。中世以前においては，子どもという観念は存在せず，いわば"小さな大人"として扱われていたのである。

3：ルソー著，今野一雄訳『エミール（上）』岩波文庫，1962，p.30-32.
4：アリエス著，杉山光信・杉山恵美子訳『〈子供〉の誕生』みすず書房，1950，p.122.

ドイツの教育思想家ヘルバルト（Herbart, Johann Freidrich 1776-1841）は，教育学を体系化した人物として知られる。『一般教育学』（1806年出版）を著したヘルバルトは，教育の目的を「品性（道徳的人格）の陶冶」にあるとした。品性を陶冶するためには，「管理」を前提としながら「教授」と「訓練」とを両輪とする働きかけが必要であるという[5]。教育の方法を心理学に求めたヘルバルトは，「教授」のプロセスを「四段階教授法」（「明瞭」-「連合」-「系統」-「方法」の4段階）で捉えた。このプロセスは，その後，ヘルバルトの後継者たちによって発展されていく。しかし，19世紀末頃になると，画一的で硬直した教授法，知性主義などと厳しく批判されるようになり，新たな教育の潮流が生まれていく。

　それが「子ども中心主義」「児童中心主義」を柱とする「新教育運動」である。これまでの権威的で画一的な教育（旧教育）と一線を画した新教育では，子どもの個性や自発性を重要視していた。すでに述べたルソーの教育思想の再評価という側面もあった。新教育運動の代表的な人物の一人にアメリカの哲学者デューイ（Dewey, John 1859-1952）がいた。1896年にはシカゴ大学に実験学校（デューイ・スクール：小学校）を開設して，子どもの生活経験を重視した自発的・創造的な教育実践を展開した。この実践は，世界各国の新教育運動に大きな影響を与えた。

　この新教育運動のなかに学校図書館の芽もみることができる。デューイは，1899年に発表した『学校と社会』において，学校図書館を学校の中心に据えた学校の概念図を示しているのである（図5-1）。

5.2.3 「子どもの権利」としての教育

　ルソーによって子ども期の発見がなされたことで，即，子どもの人権と教育が保障されたわけではない。児童労働や搾取，虐待など，子どもの人権が踏みにじられたり，適切な教育を受ける機会が奪われる事態は後を絶たなかった。

　1924年，当時の国際連盟において全5条からなる「児童の権利に関する宣

5：森川輝紀・小玉重夫編著『教育史入門』放送大学教育振興会，2012，p.136-137.

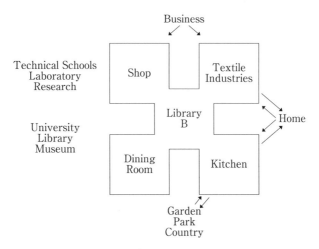

図5-1 デューイの学校概念図
出典：Dewey, John *The School and society being three lectures,* University of chicago press, 1899, p.95.

言」が採択された。子どもの権利をうたった最初のものである。この宣言には，教育という言葉は出てこないが，「1．児童は，身体的ならびに精神的の両面における正常な発達に必要な諸手段を与えられなければならない」など教育と深く関わる内容が盛り込まれていた。

1959年には，国際連合でも，全10条からなる新たな「児童の権利に関する宣言」が採択された。この宣言では，子どもには「教育を受ける権利」があることを明示している。

> 7．1．児童は，教育を受ける権利を有する。その教育は，少なくとも初等の段階においては，無償，かつ，義務的でなければならない。児童は，その一般的な教養を高め，機会均等の原則に基づいて，その能力，判断力並びに道徳的及び社会的責任感を発達させ，社会の有用な一員となりうるような教育を与えられなければならない。
> 2．児童の教育及び指導について責任を有する者は，児童の最善の利益をその指導の原則としなければならない。その責任は，まず第一に児童の両親にある。
> 3．児童は，遊戯及びレクリエーションのための十分な機会を与えられる権利

を有する。その遊戯及びレクリエーションは，教育と同じような目的に向けられなければならない。社会及び公の機関は，この権利の享有を促進するために努力しなければならない。

　この宣言の内容をより発展させ，法的拘束力をもつ条約としたものが，1989年に国際連合が採択した全54条からなる「児童の権利に関する条約」（一般には「子どもの権利に関する条約」と呼ばれる）である。この条約を批准した国（締約国）には，この条約に盛り込まれた内容を実現していく義務が生じる。日本は，1994（平成6）年にこの条約を批准している。教育については，次のように定めている。

　　第28条　1　締約国は，教育についての児童の権利を認めるものとし，この権利を漸進的にかつ機会の平等を基礎として達成するため，特に，
　　　　(a)　初等教育を義務的なものとし，すべての者に対して無償のものとする。
　　　　(b)　種々の形態の中等教育（一般教育及び職業教育を含む。）の発展を奨励し，すべての児童に対し，これらの中等教育が利用可能であり，かつ，これらを利用する機会が与えられるものとし，例えば，無償教育の導入，必要な場合における財政的援助の提供のような適当な措置をとる。
　　　　(c)　すべての適当な方法により，能力に応じ，すべての者に対して高等教育を利用する機会が与えられるものとする。
　　　　(d)　すべての児童に対し，教育及び職業に関する情報及び指導が利用尾可能であり，かつ，これらを利用する機会が与えられるものとする。
　　　　(e)　定期的な登校及び中途退学率の減少を奨励するための措置をとる。
　　　2　締約国は，学校の規律が児童の人間の尊厳に適合する方法で及びこの条約に従って運用されることを確保するためのすべての適当な措置をとる。
　　　3　締約国は，特に全世界における無知及び非識字の廃絶に寄与し並びに科学上及び技術上の知識並びに最新の教育方法の利用を容易にするため，教育に関する事項についての国際協力を促進し，及び奨励する。これに関しては，特に，開発途上国の必要を考慮する。
　　第29条　1　締約国は，児童の教育が次のことを指向すべきことに同意する。

(a)　児童の人格，才能並びに精神的及び身体的な能力をその可能な最大限度まで発達させること。
　　　(b)　人権及び基本的自由並びに国際連合憲章にうたう原則の尊重を育成すること。
　　　(c)　児童の父母，児童の文化的同一性，言語及び価値観，児童の居住国及び出身国の国民的価値観並びに自己の文明と異なる文明に対する尊重を育成すること。
　　　(d)　すべての人民の間の，種族的，国民的及び宗教的集団の間の並びに原住民である者の理解，平和，寛容，両性の平等及び友好の精神に従い，自由な社会における責任ある生活のために児童に準備させること。
　　　(e)　自然環境の尊重を育成すること。
　　2　この条又は前条のいかなる規定も，個人及び団体が教育機関を設置し及び管理する自由を妨げるものと解してはならない。ただし，常に，1に定める原則が遵守されること及び当該教育機関において行われる教育が国によって定められる最低限度の基準に適合することを条件とする。

　日本においては，「日本国憲法」第26条において「その能力に応じて，ひとしく教育を受ける権利を有する」こと，「その保護する子女に普通教育を受けさせる義務を負ふ。義務教育は，これを無償とする」ことを定め，実施している。しかし，「児童の権利に関する条約」に定めたところ全般が，問題なく履行されているのかといえば，そうではない。条約では，締約国に対して，5年ごとに履行状況を報告し，国際連合の委員会による審査を受けることを求めている。日本は，これまでの審査において「高度に競争的な学校環境が就学年齢層の子どものいじめ，精神障がい，不登校，中途退学および自殺を助長している可能性があることも，懸念する」（総括所見）[6]などと指摘されている。これら指摘に対する一層の対策が求められる。

6：子どもの権利条約 NGO レポート連絡会議編『子どもの権利条約から見た日本の子ども：国連・子どもの権利委員会第3回日本報告審査と総括所見』現代人文社，2011，p.53.

5.3 学校における教育

5.3.1 学校の登場

そもそも、「学校」とは、何であろうか。専門辞典の一つには、「学校とは、社会的に望ましいとされた知識・技能を子どもに伝えるために、独立の建物と専門の教師が毎日のように子どもを集団的に集め、教育する場」[7]と説明されている。

学校の起源は、はるか古代にまでさかのぼる。しかし、今日につながる公教育制度としての学校の登場は、18世紀から19世紀にかけての近代国家の成立と深くかかわっている。たとえば、アメリカでは19世紀のことであるし、日本でも1872（明治5）年の学制発布以降のことである。

日本を含む多くの国では、初等教育（小学校段階）は義務教育とされ、「ナショナリズムの高揚と資本主義の展開過程と結びついて、従順で良質な労働力を大量に養成する教化機関としての性格を濃厚にもったものとして機能して」[8]いった。このころの学校では、教師中心の詰め込み的な一斉教授によって、読み書き計算と労働力として必要となる最低限の科学的知識・技術、そして国家主義的な道徳が指導された。

その後、20世紀になると、こうした学校教育のあり方が批判され、前節5.2.2でも述べた新教育運動によって変化がもたらされた。

5.3.2 学校教育の目的

今日、学校教育の目的を教育に関する基本法令等に明示している国は多い。

日本では、「教育基本法」第1条において、教育の目的を「人格の完成を目指し、平和で民主的な国家及び社会の形成者として必要な資質を備えた心身ともに健康な国民の育成を期して行わなければならない」と定めている。同法の

7：岡本夏木・清水御代明・村井潤一監修『発達心理学辞典』ミネルヴァ書房，1995，p.107.
8：田嶋一ほか『やさしい教育原理』第3版，有斐閣アルマ，2016，p.57.

第2条では，この目的を実現するための教育の目標として，次の5つを挙げている。

> 第2条　教育は，その目的を実現するため，学問の自由を尊重しつつ，次に掲げる目標を達成するよう行われるものとする。
> 1　幅広い知識と教養を身に付け，真理を求める態度を養い，豊かな情操と道徳心を培うとともに，健やかな身体を養うこと。
> 2　個人の価値を尊重して，その能力を伸ばし，創造性を培い，自主及び自律の精神を養うとともに，職業及び生活との関連を重視し，勤労を重んじる態度を養うこと。
> 3　正義と責任，男女の平等，自他の敬愛と協力を重んずるとともに，公共の精神に基づき，主体的に社会の形成に参画し，その発展に寄与する態度を養うこと。
> 4　生命を尊び，自然を大切にし，環境の保全に寄与する態度を養うこと。
> 5　伝統と文化を尊重し，それらをはぐくんできた我が国と郷土を愛するとともに，他国を尊重し，国際社会の平和と発展に寄与する態度を養うこと。

これらの教育の目標をもとに，「学校教育法」第21条では義務教育における教育の目標をより詳細に10点掲げている。

> 1　学校内外における社会的活動を促進し，自主，自律及び協同の精神，規範意識，公正な判断力並びに公共の精神に基づき主体的に社会の形成に参画し，その発展に寄与する態度を養うこと。
> 2　学校内外における自然体験活動を促進し，生命及び自然を尊重する精神並びに環境の保全に寄与する態度を養うこと。
> 3　我が国と郷土の現状を正しい理解に導き，伝統と文化を尊重し，それらをはぐくんできた我が国と郷土を愛する態度を養うとともに，進んで外国の文化の理解を通じて，他国を尊重し，国際社会の平和と発展に寄与する態度を養うこと。
> 4　家族と家庭の役割，生活に必要な衣，食，住，情報，産業その他の事項について基礎的な理解と技能を養うこと。
> 5　読書に親しませ，生活に必要な国語を正しく理解し，使用する基礎的な能力を養うこと。

6　生活に必要な数量的な関係を正しく理解し，処理する基礎的な能力を養うこと。
7　生活にかかわる自然現象について，観察及び実験を通じて，科学的に理解し，処理する基礎的な能力を養うこと。
8　健康，安全で幸福な生活のために必要な習慣を養うとともに，運動を通じて体力を養い，心身の調和的発達を図ること。
9　生活を明るく豊かにする音楽，美術，文芸その他の芸術について基礎的な理解と技能を養うこと。
10　職業についての基礎的な知識と技能，勤労を重んずる態度及び個性に応じて将来の進路を選択する能力を養うこと。

　学校においては，これらの「教育の目標が達成されるよう，教育を受ける者の心身の発達に応じて，体系的な教育が組織的に行われなければならない。この場合において，教育を受ける者が，学校生活を営むうえで必要な規律を重んずるとともに，自ら進んで学習に取り組む意欲を高めることを重視して行われなければならない」(「教育基本法」第6条第2項)。

5.3.3　学校教育の内容

　学校教育の具体的な内容についても，当然ながら，国によって違いがある。そもそも，どのような内容の教育を学校で行うのかについて，基準を明確に定めている国もあれば，各学校や担当教師の裁量に任せている国もある。日本は，前者に該当する。

　日本では，「学校教育法」の規定に従い，幼稚園，小学校，中学校，義務教育学校，高等学校，中等教育学校，特別支援学校の教育課程（教育内容等の配列についての全体計画）に関する事項は文部科学大臣が定めることとなっている。これらの学校における教育課程編成の基準が「学習指導要領」（幼稚園は「教育要領」。以下同じ）である。言い換えれば，これらの学校では，「学習指導要領」に従って教育課程を編成しなければならない。

　「学習指導要領」は，社会・環境の変化などを踏まえて，約10年ごとに改訂されている。最新の「学習指導要領」は，幼稚園，小学校，中学校，特別支援学校（小学部・中学部）が2017（平成29）年に，高等学校が2018（平成30）年に公

示されている（義務教育学校，中等教育学校については該当する課程ごとに小学校，中学校，高等学校のものが適用）。教育課程と「学習指導要領」については，第8章〜第10章でより詳しく述べる。

5.3.4　学校教育の方法とメディア：教科書と学校図書館

　人が文字を生み出したことで，その文字（＝情報）を記録する媒体としてメディア（Media）も生まれた。過去から現在に至るまで，最も主要なメディアであり続けたのが，紙，そしてそれを用いた図書である。15世紀に現在のドイツで活版印刷の技術が開発されてからは，流通する図書の量も大幅に増えていった。世の中に存在する無数の図書には，実に多種多様な情報（＝先人の叡知）が記録されている。その中から，国家や教育者が重要だと思われる一部分を精選して教科という枠組みのもとに再編成してつくられたものが教科書である。

　学校における教育が成立するためには，「教える人」（教師），「学ぶ人」（児童生徒），「教育内容」（教材）の3要素が欠かせない。教育内容を子どもに見える化したものが教材というメディアであり，その最たるものが教科書である。

　日本では，文部科学省が先に述べた「学習指導要領」への準拠性等について審査（検定）を行うこと，それに合格した教科書（検定済み教科用図書）を使用する義務があることを「学校教育法」で定めている。この検定については，「日本国憲法」第21条第2項で禁じる検閲行為に当たり違憲ではないかなどとする批判や訴訟（教科書裁判）も過去には起こされている。

　教科書は，大人数の子どもを対象として効率よく教えるには，実に便利なメディアである。ただし，その場合，教科書だけを用いて教師が子どもにその中身を一方的に伝達するという詰め込み型の教育方法に陥ってしまう危険性もはらんでいる。

　しかし，変化の激しい現代社会は，教科書に収められた中身を学んだだけで一生涯にわたって充実した人生を歩めるほど，やさしいものではない。あまたの知識や技術は絶えず更新され続けており，情報活用能力など新たに必要とされる能力も登場している。それとともに，教科書に収められた中身の寿命もど

んどん短くなっている。したがって，教科書を基本としながらも，生涯にわたって主体的に新たな能力や知識，技術などを学びとっていく意欲や態度，スキルの獲得が欠かせないのである（「生きる力」の育成）。

　「生きる力」を育むためには，上述したような詰め込み型の教育方法からの脱却が重要である。たとえば，教科書に載っている内容に関連するオリジナルな情報に自らアクセスして調べて発表するなどといった授業づくりが求められている（探究学習，調べ学習など）。この方向性は，「学習指導要領」でも，「主体的・対話的で深い学び」（いわゆる，アクティブ・ラーニング）として示されている。

　こうした教育方法の基盤として，教科書以外にも，学習に有益な情報にアクセスできる環境を学校内に整備・充実していかなければならない。その環境こそが学校図書館である。学習に有益な情報は，今日では，図書だけでなく，視聴覚メディアや電子メディアなど多種多様なメディアに記録されている。これらの情報メディアを総合的に扱える学校図書館が求められている。2016（平成28）年8月に公表された中央教育審議会初等中等教育分科会教育課程部会による『次期学習指導要領等に向けたこれまでの審議のまとめについて（報告）』では，「「主体的・対話的で深い学び」の充実に向けては，読書活動のみならず，子供たちが学びを深めるために必要な資料（統計資料や新聞，画像や動画等も含む）の選択や情報の収集，教員の授業づくりや教材準備等を支える学校図書館の役割に期待が高まっている。公共図書館との連携など，地域との協働も図りつつ，その機能を充実させていくことが求められる」としている。これを受けて，「学習指導要領」では，総則において「学校図書館を計画的に利用しその機能の活用を図り，児童の主体的・対話的で深い学びの実現に向けた授業改善に生かすとともに，児童の自主的，自発的な学習活動や読書活動を充実すること。また，地域の図書館や博物館，美術館，劇場，音楽堂等の施設の活用を積極的に図り，資料を活用した情報の収集や鑑賞等の学習活動を充実すること」（小学校の記述。中学校，高等学校，特別支援学校にも同様の記述あり）との内容が盛り込まれている。

5.4　生涯学習時代の教育のあり方

　教育というと，学校を強くイメージする傾向があることを本章5.1で述べた。同様に，教育は学校のみで完結し，学校を卒業すれば教育から解放されるかの如く捉えられるきらいもないだろうか。

　しかし，前節5.3.4でも述べたように，変化の激しい現代社会にあっては，学校で学んだ知識や技術などはすぐに古くなってしまう可能性や学校では学ばなかった新たな能力が求められてくる可能性が高くなった。このような社会のなかで一生涯にわたってQOL（生活の質）を維持・向上させながら生活を営んでいくためには，学校卒業後も，変化に応じて絶えず新しい能力や知識，技術などを主体的に学び，身につけることが欠かせない。

　まさに生涯にわたる学び（生涯学習）が欠かせないのである。1960年代にフランスの教育思想家ポール・ラングラン（Lengrand, Paul 1910-2003）によって提起された「生涯教育」（Life-long Education）の概念は，急速に各国に普及していった。日本では，1980年代後半に臨時教育審議会が「生涯学習体系への移行」を答申し，家庭教育，学校教育，社会教育が生涯学習の観点のもとに互いに連携していくべきことが示された。その後，1990（平成2）年には「生涯学習の振興のための施策の推進体制等の整備に関する法律」（生涯学習振興法）が制定され，また，2006（平成18）年には「教育基本法」が改正され，第3条に生涯学習の理念が新たに盛り込まれた。

　したがって，学校においては，子どもに生涯にわたり主体的に学び続けるための基盤を培うべく，日々の教育にあたっていくことが大切である。同時に，学校それ自体も，家庭，地域や社会とともに，生涯学習推進の重要な担い手であることを忘れてはならない。学校は，家庭教育，社会教育とも互いに連携を密にしながらその教育力を発揮して，子どもを含むすべての世代の人々の生涯学習を推進していきたい。

6章
学校教育の思想と歴史(1)：西洋

6.1 近世以前の学校

　「学校」の起源は，今から数千年前のエジプトやギリシャなどの古代国家にまでさかのぼる。以降，近世までの学校は，特権的支配階層がその特権や支配秩序を維持するために設けられたといってよい。

　人は，当初，狩猟採集の生活をしていた。そこで必要な知恵や技術などは，学校という施設や機能をもたなくても，日々の生活のなかで自然に習得されていったのである。

　次第に農耕を営む生活に変わっていくと，その生産性を高めるために，より高度な知識や技術が要求されるようになっていく。生活集団も規模が大きくなり，知識や技術が高く生産性のある人が富むようになり，集団内で力をもつようになっていく。こうして，貧富の差や階層が生まれ，リーダー（支配者）が現れるようになるのである。そして，古代国家が形成されていく。

　古代国家には，上述したように，学校が設けられた。しかし，その対象は，特権的支配階層に限られていた。そこでの学びは，支配するうえで必要になる教養や趣味が中心であった。学校である「schoolの語源がギリシャ語のスコーレ（閑暇）に由来しているように，ギリシャの貴族などの上層階級の人々が閑暇を諸種の学芸や趣味などについての談話に費やす場所を意味した」[1]のである。

1：今野喜清・新井郁男・児島邦宏編集代表『学校教育辞典』新版，教育出版，2003，p.114.

労働せずに「閑暇」を得られること自体が、支配階層の特権であった。

　中世になっても、学校の基本的な性格は変わらなかったものの、宗教の影響を強く受けるようになった。なかでも西洋に広まったキリスト教（カトリック）は、支配階層（皇帝や貴族など）と結びつき、政治的にも権威を高めていった。教会や修道院にも学校が附置され、聖職者の養成などが行われた。ここでは、「自由7科」と呼ばれた文法学、修辞学、論理学、算術、幾何学、天文学、音楽の7科目が講じられた。

　中世盛期（中期）の1158年、現在のイタリアにボローニャ大学が設立されたのを皮切りに、大学の設立が相次いだ。大学は、私塾を開いていた知識人が集まって形成した一種のギルド（同業者組合）であった。大学では、神学のほか、法学、医学などが講じられ、カトリック教会の庇護のもとに発展していった。

　近代への移行期ともいえる近世には、2つの大きな出来事があった。それが、ルネサンス運動と宗教革命である。

　ルネサンスは、「復興」や「再生」を意味するフランス語で、古代ローマやギリシャの古典文化を理想として復興させつつ、自由で新しい文化を生み出そうとした運動であった。14世紀に現在のイタリアではじまり、16世紀にかけてヨーロッパ各地に広がっていった。その普及には、15世紀にグーデンベルク（Gutenberg, Johannes 1398頃-1468）により開発された活版印刷の果たした役割も大きかった。この運動によって、カトリック教会と深く結び付き発展してきた中世の文化は変革を迫られることとなった。

　また、16世紀に起こった宗教革命は、聖職者の腐敗などの問題を抱えていた中世カトリック教会からプロテスタント諸教会を生み出した宗教的な変革運動であった。契機をつくったルター（Luther, Martin 1483-1546）（図6-1）は、キリスト教信徒は、信仰のよりどころを「神の言葉」である聖書のみにおけばよく、これまでのカトリック教会の権威を否定した。このことは、聖書を読めること、すなわち文字を読めることを必須とするものであり、万

図6-1　ルター

人が読み書きを学ぶ機会（義務教育）の必要性を急速に高めることにもつながった。同時に，カトリック教会の庇護のもとに発展した従来の大学も変革を余儀なくされた。

6.2 近代国家の成立と学校

18世紀半ばにイギリスからはじまった産業革命は，産業の近代化のみならず，社会構造にも大きな変化をもたらした。その一つに，すべての子どもが通う義務教育としての初等教育の学校が整備されはじめたことが挙げられる。新たな産業社会で生きていくためには，これまでのように日々の生活のなかで自然に習得された，あるいは，徒弟的に体得された知恵や技術だけではとても間に合わなくなったのである。

封建主義・絶対主義からの解放を目指した市民革命（イギリス名誉革命，アメリカ独立革命，フランス革命など）もまた，義務教育としての初等教育の学校の整備に大きな影響を与えた。市民革命を経て成立した国民国家にとって，国家の構成員である国民という意識を，教育を通して人々にいかに形成するかが重要な課題の一つだったのである。

こうして，公教育としての義務教育制度が整備されていく。たとえば，イギリスでは，1870年の「フォスター法」（初等教育法）制定によって全国規模で初等教育の学校が成立し，1918年の「フィッシャー法」によって無償化された。また，フランスでは，1881年に初等教育の公立学校の授業料無償化を決定し，翌年には初等教育の義務化と公立学校の世俗化が実現している（「フェリー法」）。ドイツでは，1872年の「学校監督法」によって，学校の監督権を国家に一元化するとともに，「一般学校規程」によって民衆学校の整備を規定した。アメリカでは，近代学校制度の3原則が早くから確認されており，そのもとに初等教育の学校が整備されていった。3原則とは，無償，非宗派，義務教育を指す。

前章でも述べたルソー（図6-2）が『エミール』を著し，子ども期が発見（子どもという観念が誕生）されたのは，このような時代だったのである。

図6-2 ルソー

図6-3 ペスタロッチ

図6-4 フレーベル

図6-5 ヘルベルト

　このころの初等教育の学校では，少人数の教師で多数の子どもを効率よく指導する必要性から，一斉教授の方法がとられ，一方的な詰め込み型の教育が行われていた。教育内容としては，「読み書き算の3R's（Reading, Writing, Arithmetic）と労働力として必要な一定の科学的知識・技術に加えて，国家主義的な道徳」[2]であった。

　公教育の成立期，心情と身体の調和的発達や基礎陶冶を重視したペスタロッチ（Pestalozzi, Johann Heinrich 1746-1827）（図6-3），子どもの遊具を工夫して恩物を発明したフレーベル（Fröbel, Friedrich 1782-1852）（図6-4），「教育学」を体系化したヘルバルト（図6-5）などが重要な教育思想を生み出した。なかでも，ヘルバルトは，教育方法について，「四段階教授法」（「明瞭」-「連合」-「系統」-「方法」の4段階）を考案し，各国の学校教育に大きな影響を与えた。

　しかし，19世紀末頃になると，学校における教師中心の画一的で硬直した教授法，詰め込み主義などが批判されるようになり，子どもに中心を据えて興味や経験を重視する新教育運動が広がっていく。フランスのドモラン（Demolins, Joseph Edmond 1852-1907）からはじまり，前章での述べたアメリカのデュー

2：田嶋一ほか『やさしい教育原理』第3版，有斐閣アルマ，2016，p.57.

図6-6　デューイ　　　図6-7　シュタイナー　　　図6-8　モンテッソーリ

イ（図6-6）の実践がよく知られている。ほかにも，ドイツのシュタイナー（Steiner, Rudolf 1861-1925）（図6-7）による自由ヴァルドルフ学校，イタリアのモンテッソーリ（Montessori, Maria 1870-1952）（図6-8）による子どもの家での実践などもある。

6.3　20世紀以降の学校教育の展開

　最後に，20世紀以降のいくつかの国の学校教育に関する主だった展開を概観しておきたい。
　イギリスでは，「バトラー法」（1944年教育法）によって，公教育制度が初等教育，中等教育，継続教育という連続した学校教育の体系となり，また，義務教育を15歳までの9年間に延長した。これにより，現在の学校教育体系の基礎がつくられた。
　フランスでは，1947年に子どもの発達権，人間教育と職業教育の調和などの理念を示した「ランジュヴァン・ワロン改革案」がつくられ，その後の改革で一部が実現されていった。16歳までの10年間が義務教育である。
　ドイツでは，1959年の「ラーメン・プラン」によって，4年間の基礎学校卒業後，各自の能力と適性にあわせた3種類の中等学校（ギムナジウム，レアールシューレ，ハウプトシューレ）に進む学校制度がつくられた。1964年には義務教育期間を9年間としている。

アメリカでは，前述の3原則の一層の充実を図るべく，1917年に職業教育の振興を規定した「スミス・ヒューズ法」が制定された。また，1968年にはヘッド・スタート計画が開始された。同計画は，「就学前の，主として4～5歳の子どもに対するアメリカ合衆国政府の教育事業。経済的・文化的に恵まれない地域の子どもに対し，教育や医療・栄養などのサービスを提供して総合的に発達の促進を図り，初等教育のスタートにあたっての条件に不利がないようにしようというもの」[3]である。なお，アメリカでは義務教育を16歳までとする州が多いが，高等学校卒業の18歳までとしている州もある。

補説　東洋の学校教育の歴史

これまでの「教育史」のテキストなどでは，西洋の教育史は必ず扱われるが，東洋の教育史が語られることは少なかった。そこで，ここでは，補説として，日本を除く東洋の学校教育の歴史についても簡単に述べておきたい。なお，日本については次章で扱う。

東洋においても，近世までは，基本的に西洋と同様，支配階層の子弟を主な教育対象とした学校や私塾が設けられていた。なお，李氏朝鮮では，日本の江戸時代にみられた寺子屋のような読み書きを中心に教える書堂という庶民教育の私塾があった。

近代になり，東洋諸国も，西洋のような学校教育制度が導入されるようになるが，その時期や導入方法（主体的なのか植民地支配によるものか）などは国によって異なる。

たとえば，中国では，20世紀初頭に義務教育を導入している。1922年の学制改革によって，初等教育を担う小学は初級小学4年と高級小学2年に分けられ，前者が義務教育となった。第二次世界大戦後の1949年，中華人民共和国が成立する。同政府としての最初の教育政策は，1951年の「学制改革に関する決定」であった。以降，1966年の文化大革命などを経て，学校制度や教育内容に幾多

3：山﨑英則・片上宗二『教育用語辞典』ミネルヴァ書房，2003，p.475.

の変遷があった。1986年制定の「中華人民共和国義務教育法」によって，義務教育を9年間とし，小学（5年制又は6年制）と初級中学（3年制又は4年制）がそれに当たる。同法はわずか18条から成る短いものであったが，2006年に63条からなる法律に大改正された。改正に伴って，新たに義務教育の目標を示す「資質教育」という概念が提起された。これは，「生徒の創造精神と実践能力の涵養を重視し，「理想，道徳，文化，規律」を有し，「徳，知，体，美」が全面的に発達した社会主義事業の建設者および後継者を養成する教育とされる」[4]。義務教育においては，この「資質教育」の徹底が求められている。

　朝鮮では，日韓併合（1910年）後の1911年に日本政府によって「朝鮮教育令」（第一次）が制定され，普通学校，高等普通学校，女子高等普通学校，実業学校，専門学校の各学校が規定された[5]。同令では，「教育ハ教育ニ関スル勅語ノ旨趣ニ基キ忠良ナル国民ヲ養成スルコトヲ本義トス」（第2条），「普通学校ハ児童ニ国民教育ノ基礎タル普通教育ヲ為ス所ニシテ身体ノ発達ニ留意シ国語ヲ教ヘ徳育ヲ施シ国民タルノ性格ヲ養成シ其ノ生活ニ必須ナル知識技能ヲ授ク」（第8条）などと定められ，天皇・国家にすべてをささげる国民（臣民）となることを求めた「教育勅語」の精神にもとづく教育や国語（すなわち日本語）の教育が強制された。第二次世界大戦後，独立した大韓民国では，初等教育を担う国民学校（現在の初等学校），中学校，高等学校の6・3・3制がとられ，中学校までの9年間を義務教育としている。

　現在，東洋諸国では，日本のように学校教育の体系が1種類の国が多いものの，インドネシアのようにイスラム教の浸透している国では，西洋型の近代的な学校教育の体系と，伝統的なイスラム学校の体系が併存している。また，義務教育の年限も国によって異なる。9年間とする国が多いが，ベトナムやバングラディシュでは5年間となっている。パキスタンのように義務教育制度のない国もある。義務教育制度がある国でも，宗教や価値観，経済事情などによっ

4：鎌田文彦「義務教育法の改正：基礎教育の質の向上と機会均等を目指す」『外国の立法』230号，2006，p.183．

5：1938年の「朝鮮教育令」（第三次）によって，普通学校，高等普通学校，女子高等普通学校は，それぞれ日本の「小学校令」「中学校令」「高等女学校令」に基づく小学校，中学校，高等女学校とすることとなった。

て就学率に高低がある。その実態として，男子よりも女子のほうが低い国もあれば，同じ国でも都市部とそれ以外で大きな差がある国もある。こうした状況をその国の問題に矮小化せず，「子どもの権利」に関わる国際的課題としていかに解決していくかを議論していくことが大切である。

7章
学校教育の思想と歴史(2)：日本

7.1 江戸時代以前の学校

　日本において公教育としての学校教育は，明治維新によって成立したものである。しかし，それより前に学校がなかったのかといえば，そうではない。

　古くは8世紀初頭までさかのぼることができる。701年に制定された「大宝律令」によって，大学寮（大学）と国学が設置されたのである。大学寮は，中央に設置され，主に貴族の子弟を対象とした官僚養成機関であった。また，国学は，地方に設置（各国の国府に併設）され，主に地方役人である郡司の子弟を対象とした地方役人の養成機関であった。

　平安時代になると，大学寮のほかに，有力貴族が大学別曹と呼ばれる寄宿舎と自習場所を兼ね備えた施設を独自に設けるようになった。大学別曹としては，勧学院，学館院，奨学院，弘文院が知られている。

　これらは，貴族や役人の子弟を対象とした学校であったが，身分に関わりなく学ぶことができる庶民教育を行う私立の学校もつくられた。828年に真言宗の開祖である空海（774-835）がつくった綜芸種智院である。この学校では，仏教，儒教，道教などが講義された。

　鎌倉時代に入ると，政治だけでなく文化の中心的な担い手も貴族（公家）から武士（武家）に移っていった。学問を好んだ武士のなかには，北条（金沢）実時のように私設の図書館を開いたものもいた（金沢文庫）（写真7-1）。

　鎌倉幕府も室町幕府も禅宗（臨済宗，曹洞宗）を庇護し，禅宗寺院の寺格を

写真7-1　金沢文庫
出典：結城陸郎『金沢文庫の教育史的研究』吉川弘文館，1962，口絵．

写真7-2　足利学校

定めた五山の制も定められた。五山の寺院では，僧による漢文学も盛んであった（五山文学）。同時に，五山の僧は，中国文化にも詳しいことから，幕府の外交にアドバイスをするなど官僚的な役割も担い，政治との結び付きも強かった。

　中世日本の学校としては，足利学校が有名である（写真7-2）。キリスト教

宣教師のフランシスコ・ザビエル（Francisco de Jasso y Azpilicueta 1506頃-1552）が「日本国中最も大にして最も有名な坂東のアカデミー」と記した足利学校は，15世紀に関東管領の上杉憲実（1410頃-1466）が円覚寺（鎌倉）の僧であった快元（生年不詳-1469）を招いて中興した（創設時期については諸説あり定かでない）。足利学校では，儒学を中心に，易学，兵学，医学などが講じられた。

1549年にザビエルによって日本にもたらされたキリスト教は，織田信長（1534-1582）が布教活動を容認したことで，各地に広がった。以降，江戸時代初期の禁教令までの間に，西日本各地にカトリック教会による学校（キリシタン学校）が設けられた。キリシタン学校としては，教会付属の初等学校（各地に約200校），セミナリオ，コレジオ，アカデミアなどがあった。初等学校では，子どもに読み，書き，計算などを教えた。セミナリオは，中等教育程度の神学校で，司祭の養成を目的とした。コレジオは，高等教育機関で，聖職者の養成だけでなくヨーロッパ文化の伝達も目的としていた。そのため，神学はもちろん，哲学，ラテン語，自然科学なども講じられた。ヨーロッパから移入した活版印刷機を用いての出版活動も行った（キリシタン版）。アカデミアも，高等教育機関で，主に数学や天文学が講じられた。このように，キリシタン学校は，初等教育から高等教育までをカバーしていたのである。

江戸時代になると，幕府，各藩，民間でさまざまな学校が設けられた。

江戸幕府の設けた学校としては，昌平坂学問所がまず挙げられる。もともとは1630年設立の儒学者林羅山（1583-1657）による私塾であったが，1790年に幕府直轄の学校となった。旗本・御家人の子弟などに対し，主に儒学（朱子学）が講じられた。このほか，幕末期になると，洋学の教育・研究の必要性から1856年に蕃書調所が設けられた。蕃書調所は，のちに洋書調所と改称し，1863年には開成所となった。また，1860年には西洋医学を教育・研究する医学所を設けた（1858年設立の種痘所を幕府が直轄化）。

各藩でも，主に藩士の子弟を教育するために藩校（藩学）が設けられた。日新館（会津藩），興譲館（米沢藩），明倫館（長州藩），造士館（薩摩藩）などがよく知られている。藩校では，儒学（朱子学）を中心とした教育が行われた

が，幕末期になると洋学を講じるところもあった。また，岡山藩が1670年に設立した閑谷学校のように，庶民のための学校を設ける藩もあった。

民間では，数多くの私塾が設けられた。漢学，国学，洋学，医学などさまざまな学問を教える私塾が設けられた。主な私塾としては，漢学では広瀬淡窓（1782-1856）の咸宜園，大塩平八郎（1793-1837）の洗心洞，吉田松陰（1830-1859）の松下村塾など，国学では塙保己一（1746-1821）の和学講談所，本居宣長（1730-1801）の鈴屋塾など，洋学や医学では杉田玄白（1733-1817）の天真楼，大槻玄沢（1757-1827）の芝蘭堂，シーボルト（Philipp Franz Balthasar von Siebold 1796-1866）の鳴滝塾などがあった。

また，民間では，子どもに読み，書き，算盤などを教えた寺子屋も江戸時代には広く普及した。その数は小さなものも含めると4万とも5万ともいわれている。『庭訓往来』などの往来物を教材として用いるケースが多く，個別指導が行われた。庶民の識字率向上に寄与したものの，一般に喧伝されているほど江戸時代の識字率は高かったわけではなかった[1]。

7.2　近代化と学校

明治維新となり，明治新政府は，欧米に範を取り急速に近代化を進めていった。

教育については，1872(明治5)年に「学制」を発布し，近代的な公教育制度，学校制度をスタートさせた。全109章からなる学制では，「大中小学区ノ事」「学校ノ事」「教員ノ事」「生徒及試業ノ事」「海外留学生規則ノ事」「学費ノ事」の6項目が規定された。学校種として，小学校，中等学校，師範学校，大学校などが定められた。明治新政府は，殖産興業・富国強兵を担う「国民」を学校教育によって形成し，欧米列強に伍する国づくりを進めようとしたのである。

なかでも小学校は入学年齢を6歳とし，国民皆学が目指された。しかし，月50銭の授業料がかかったため，子どもを小学校に通わせることを躊躇う保護者

1：角知行「日本の就学率は世界一だったのか」『天理大学人権問題研究室紀要』17, 2014, p.19-31.

写真7-3　教育勅語
出典：国立公文書館デジタルアーカイブ

が多かった。小学校の授業内容は，地学，理学などの西洋実学の初歩が中心であり，庶民の生活と乖離していたことも，就学を躊躇する要因となった。加えて，草刈りや家畜の世話など，子どもも労働力とみなされていたことも，保護者の就学への抵抗感となっていた。1873(明治6)年に28.1％であった小学校就学率は，「学制」発布から10年後の1882(明治15)年には50.7％[2]となり，ようやく5割を超えた程度であった。もちろん，明治新政府も就学率の上昇に向けて，就学の督促を強化した。地方役人や教師が保護者を説得してまわったり，巡査が取締りを行うケースまであった。こうして，就学率は徐々に上昇していった。

　1886(明治19)年，第二次世界大戦前の学校制度の基本体系となる「小学校令」「中学校令」「師範学校令」「帝国大学令」が定められた（のちに，「高等学校令」「高等女学校令」「実業学校令」も制定)。しかし，公教育の理念をめぐっては，いまだに「個人の自立を図ることによって国家の独立・富強を達成するのか，国家に従属する個人を形成するのかをめぐって揺れ動いていた」[3]。こ

2：海後宗臣監修『日本近代教育史事典』平凡社，1971，p.710.
3：田嶋一ほか『やさしい教育原理』第3版，有斐閣アルマ，2016，p.71.

れに終止符を打ったのが,「教育ニ関スル勅語」(以下,「教育勅語」)の発布であった(写真7-3)。1890(明治23)年10月に発布された「教育勅語」は,教育と国民道徳の基本理念・目標を示したものであった。そして,「忠孝」に価値をおき,天皇・国家にすべてをささげる国民(臣民)となることを求めた。以降,1948(昭和23)年6月に失効するまで,学校教育において大きな影響を与えた。「教育勅語」の謄本は全国の学校に配布された。また,尋常小学校4年以上の修身の教科書にも全文が掲載され,子どもは暗記・暗誦させられた。「教育勅語」への欠礼や誤読などの不敬行為が指弾される事件もしばしば発生した。その最初のものが第一高等中学校の教師だった内村鑑三(1861-1930)が学校を去ることになった内村鑑三不敬事件(1891年)である。「教育勅語」の発布とほぼ時を同じくして定められた「小学校令」(第二次)では,「小学校ハ児童身体ノ発達ニ留意シテ道徳教育及国民教育ノ基礎並其生活ニ必須ナル普通ノ知識技術ヲ授クルヲ以テ本旨トス」(第1条)との規定が新たに盛り込まれた。

7.3　第二次世界大戦前の学校教育の展開

　「教育勅語」体制となって約10年が経った1903(明治36)年,小学校の教科書が国定化され,国家による統制が一層強化された。これによって,国定教科書の教材のなかでの絶対的な地位が確立し,教師は子どもに国定教科書の中身を詰め込む授業を行っていった。子どもの側からみると,国定教科書の中身をひたすら覚えることが学びのスタンダードな形となったわけである。

　このころになると,小学校の就学率もようやく9割を超えるようになった。同時に,資本主義経済の本格的な展開もはじまり,都市部を中心に中等教育諸学校への進学意欲も高まっていく。並行して,1918(大正7)年の政党内閣(原敬内閣)の成立に代表されるように,自由主義的な思想の広まりから国民の権利意識も高まっていった(大正デモクラシー)。

　こうした時代的潮流のなかで,国家に都合のよい内容を画一的に詰め込む学校教育への批判が高まっていく。そして,日本においても,子どもを中心に据えた新教育の運動が展開されていくのである。これを大正自由教育という。大

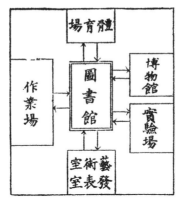

図7-1　東京市立余丁町尋常小学校の学校改造
出典：川本宇之介『デモクラシーと新公民教育』中文
　　　館書店，1921，p.568．

正自由教育は，各地に新たな私立学校を生み，また，師範学校の附属小学校でも試みられた。主な私立学校としては，中村春二（1877-1924）による成蹊小学校（1915年），澤柳政太郎（1865-1927）による成城小学校（1917年），羽仁もと子（1873-1957）による自由学園（1921年），野口援太郎（1868-1941）による池袋児童の村小学校（1924年）などがあった。大正自由教育を試みた師範学校附属小学校としては，奈良女子高等師範学校附属小学校，千葉師範学校附属小学校，明石女子師範学校附属小学校などが知られている。

　さらに，公立学校でも，大正自由教育に取り組む学校が存在した。その1つに，東京市立余丁町尋常小学校があった。同校では，教育学者川本宇之介（1888-1960）の指導を受けながら教育改造に取り組み，その改造の方向性はデューイが『学校と社会』（1899年）で示した実例などをベースに「日本化」したものであった（図7-1）。川本は「此の新設備の根拠としては個人的要求，社会的要求，学習上の要求の三方面より考察して，この要求を満足せしむるには，現今の学校設備は甚だ不完全であり不備であるとなして，此に各方面より考察工夫して児童図書館，児童博物館（読方，地理，歴史，理科の教材関係資料を陳列）児童実験場（理科，算術）児童作業場（手工，裁縫，学校園）児童芸術，発表室（唱歌，図画，手工）児童体育場（体操遊戯）の六を総合

的有機的に連絡せしめ，その機能を全くしようとするのである」[4]と述べている。そして，たとえば，児童図書館（学校図書館）については，その目的を「児童の活動性を善導し，自学自習心を旺盛ならしめ，各科並に人生諸般の智識を取得し，併せて読書の堪能，趣味の養成を図り，以て自家発展の力を得しむるにあり」[5]としている。まさに，子どもを中心に据えた大正自由教育の思想が如実に表れている。

ただし，大正自由教育は，長くは続かなかった。文部省はその広がりを警戒し，なかでも公立小学校に対しては国の方針を逸脱した新教育の実践を厳しく弾圧するようになっていったからである。

昭和恐慌（1930年）が起こると，翌年に東北・北海道地方を襲った大凶作とあいまって，農村部に大きなダメージを与えた。そして，身売りされる子どもや学校を休んで働かざるをえない子どもが続出した。国定教科書による教育は，こうした子どもの前では何の意味ももたなかった。むしろ，子どもに現実を直視させ，観察させ，それを文章に綴らせることで，生き方や生活の仕方を深く考えさせる教育方法が展開されるようになる。それが，生活綴方教育運動である。しかし，生活綴方教育運動も，国によって弾圧されていくのである。

時あたかも，戦時体制へと向かおうとしていた。政府と軍部は，中国大陸への侵略によって，昭和恐慌による閉塞感を打破しようとしたのである。1931（昭和6）年に満州事変（15年戦争）が起こると，国内体制は戦時色を強めていった。1937（昭和12）年には，近衛文麿内閣（第一次）が国民精神総動員運動の展開を開始した。この運動は，国民を戦争の遂行に協力させるために行われたもので，自己を犠牲にして国家に尽くさせようとするものであった。翌年には，「国家総動員法」が制定された。さらに1941（昭和16）年には「治安維持法」が制定され，思想弾圧が激しくなった。このように，戦争遂行に向けて人の内面までもが統制されていったのである。そして，1941年12月に太平洋戦争が勃発する。

当然，学校教育も，戦時体制のもとで再編された。1941年には「国民学校

4：川本宇之介『デモクラシーと新公民教育』中文館書店，1921，p.567-568.
5：前掲4，p.569.

令」が制定され，小学校は国民学校に改められた．同令第1条では，国民学校の目的を次のように定めた．

> 第1条　国民学校ハ皇国ノ道ニ則リテ初等普通教育ヲ施シ国民ノ基礎的錬成ヲ為スヲ以テ目的トス

　国民学校では，国民科，理数科，体錬科，芸能科の4つの教科が置かれ，各教科のなかに数科目が配置される教育課程となった．国定教科書による指導がなされた点は，従来と変わらなかった．

　しかし，戦況の悪化とともに，空襲などから子どもを守るため都市部の国民学校を中心に「学童疎開」が拡大し，中等学校では軍需工場に生徒を動員して働かせる「勤労動員」が日常化するなど，学校は事実上その機能を停止せざるをえなくなった．

7.4　第二次世界大戦後の学校教育の展開

　1945(昭和20)年8月15日，日本は連合国に無条件降伏し，戦争は終わった．日本はGHQ（General Headquarters：連合国軍最高司令官総司令部）による間接占領下に置かれ，民主的な国家の建設に向けて，さまざまな改革が急ピッチで進められた．1945年12月には軍部（陸軍，海軍）が解体され，翌年11月には戦争の放棄などを規定した「日本国憲法」が公布された（施行は1947年5月）．「日本国憲法」の前文では「日本国民は，正当に選挙された国会における代表者を通じて行動し，われらとわれらの子孫のために，諸国民との協和による成果と，わが国全土にわたつて自由のもたらす恵沢を確保し，政府の行為によって再び戦争の惨禍が起こることのないやうにすることを決意し，ここに主権が国民に存することを宣言し，この憲法を確定する．（後略）」としている．

　教育に関する改革も進められた．教育改革の方向性に大きな影響を与えたのは，1946(昭和21)年3月に来日した第一次米国教育使節団であった．同使節団のまとめた報告書の内容に沿う形で，改革が行われていった．

学校教育の制度的な面では，先に述べた「日本国憲法」のもとに，1947(昭和22)年3月に「教育基本法」「学校教育法」が制定され，"小学校‐中学校‐高等学校‐大学"（6・3・3・4制）という現行の学校体系が確立した（国民学校は再び小学校に改められた）。このうち，小学校と中学校が義務教育となった。また，戦前の中央集権的，官僚の独善的な教育行政への反省にたって，1948(昭和23)年7月に制定された「教育委員会法」にもとづき，都道府県と市町村に公選制の教育委員会を置くこととした。同法では，「この法律は，教育が不当な支配に服することなく，国民全体に対し直接に責任を負って行われるべきであるという自覚のもとに，公正な民意により，地方の実情に即した教育行政を行うために，教育委員会を設け，教育本来の目的を達成することを目的とする」（第1条）と述べ，教育委員は「日本国民たる都道府県又は市町村の住民が，これを選挙する」（第7条第2項）とした。なお，「教育勅語」については，1948年6月に国会で失効が決議された。

学校教育の内容的な面では，画一的で詰め込み型の教育からの脱却を図るべく，新教育が導入された。新教育は，戦前の日本でも大正自由教育として試みられており，子どもの興味，経験，主体性を中心に据えた教育であった。また，民主的な社会の担い手を育む必要性から新たな教科として「社会科」，同じく民主的な家庭の建設に資する必要性から「家庭科」が設けられた。

教科書については，新しい教科書（民間の出版社による検定教科書）が出るまでの間，従来の国定教科書のうち新しい時代にふさわしくない内容の部分に墨を塗らせて消したうえで使っていた（墨塗り教科書）。また，過渡的な教科書の例として，1948年につくられた文部省著作・発行の小学4年生用科学（理科）の教科書『私たちのまわりにはどんな生物がいるか』を見てみると，巻末に「先生のページ」が設けられ，そのなかに次のような一節があった。「この本は全国の子どもたちの環境にある動物や植物とその生活を子どもたちの生活の中に浮かび上がらせるように作られたものです。しかし，子どもたちの生活，興味，経験は地方によってちがっています。ことに，生物に関する子どもたちの環境はいちじるしくちがっているのが普通なのです。そこで，この本がどこまで各地の子どもたちに気にいられるか疑問です。この点をよく考えられて，

教科書をうのみにしないで，材料の取捨選択に心を配っていただきたいものです」[6]（下線部は筆者による）。新教育では，国定教科書のような唯一絶対の存在としての教科書はなくなり，「教科書をうのみにしないで」さまざまな教材（メディア）を活用していくことが教師に求められたのである。

このさまざまな教材（メディア）の利用を促すために，新教育では学校図書館が必要とされた。「学校教育法施行規則」の第1条には，「学校には，別に定める設置基準に従い，その学校の目的を実現するために必要な校地，校舎，校具，運動場，図書館又は図書室，保健室その他の設備を設けなければならない」と規定され，学校図書館の設置が義務化された。また，1948（昭和23）年12月には，文部省によって『学校図書館の手引』が刊行され，学校図書館の意義や役割，学校図書館の具体的な運営方法等がわかりやすく解説された。なかでも，新教育における学校図書館の役割として次の9つを挙げている[7]。

　(1)学校図書館は生徒の個性を伸張して行く上に役立つ
　(2)学校図書館は多くの方面や活動において生徒の興味を刺激し豊かにする
　(3)学校図書館の利用によって人間関係や他の人々の社会的，文化的生活を観察させ，さらに批判的判断や理解の態度を養って行くことができる
　(4)学校図書館は自由な活動の手段を与える
　(5)学校図書館は専門的な研究への意欲を刺激する
　(6)学校図書館の蔵書は生徒の持つ問題に対していろいろの考え方や答を提供する
　(7)学校図書館は生徒に望ましい社会的態度を身につけさせる機会を与えることによって共同生活の訓練の場所として役立つ
　(8)学校図書館を利用することによって生徒たちに読書を終生の楽しみと考えさせるようにすることができる
　(9)学校図書館は少ない図書を公共的に活用させ，現在を通して，未来の文化的建設を助けることができる

学校図書館については，その後，現場の教師や保護者の署名運動もあって，議員立法で1953（昭和28）年8月に「学校図書館法」が制定されている。

6：文部省『私たちのまわりにはどんな生物がいるか（小学4年生用科学）』1948, p.58.
7：文部省『学校図書館の手引』師範学校教科書K.K., 1948, p.3-5.

新教育は，内容だけでなく教育方法においても，これまでの学校教育とは大きく異なるものであった。そのため，現場には戸惑いも広がった。そこで，文部省では，1947(昭和22)年に教師の参考書・手引書という性格の「学習指導要領一般編」を「試案」という形で刊行した。序論では，「この書は，学習の指導について述べるのが目的であるが，これまでの教師用書のように，一つの動かすことのできない道をきめて，それを示そうとするような目的でつくられたものではない。新しく児童の要求と社会の要求とに応じて生まれた教科課程をどんなふうにして生かして行くかを教師自身が自分で研究して行く手びきとして書かれたものである」と述べている。

ところが，新教育が定着する間もなく，大幅な軌道修正がなされることになった。1952(昭和27)年4月に「サンフランシスコ講和条約」が発効し，日本は独立を回復した。これに先立つ1949(昭和24)年には中華人民共和国が成立し，翌年には朝鮮戦争が勃発するなかで，GHQを主導したアメリカは，日本を共産主義の防波堤とする方針を打ち出し，日本の再軍備（1950年の警察予備隊の創設）やレッドパージなどを行っていった。こうした国際情勢もあり，日本の独立回復後も，戦後初期に進められた諸改革の見直しが検討され，学校教育についても例外ではなかった。

学校教育の見直しとして，制度的には，1956(昭和31)年に教育委員の公選制を定めた「教育委員会法」を廃止し，教育委員を首長の任命制とした「地方教育行政の組織及び運営に関する法律」が制定された。また，中央集権的な教育行政への見直しを進める政府・文部省と，それに反対する日本教職員組合との対立が激化していった。政府・文部省は，組合や教師への対応を強化するべく，新たな法律[8]を制定（1954年）したり，教師に対する勤務評定の実施（1957年）などを矢継ぎ早に行った。

学校教育の内容面での見直しとして，1958(昭和33)年に「学習指導要領」が改訂され，あわせて，官報に告示した。これによって，それまでの教師の参考書・手引書としての性格から，法的拘束力をもつ教育課程編成の国家基準へと

8：「教育公務員特例法の一部を改正する法律」及び「義務教育諸学校における教育の政治的中立の確保に関する臨時措置法」

変貌したのである。教育課程の内実も，教科や知識の系統性を重視したものへと転換し，新たに「道徳の時間」も設けられた。教育方法も，子どもの興味，経験，主体性を中心に据えた新教育から，検定教科書を中心にした知識詰め込み型の教育へと逆戻りしていくのであった。

このように，学校教育はあっという間に「逆コース」を歩むことになったのである。ここには，すでに高度経済成長期に入っていた日本の経済界からの要請も影響していた。

1973(昭和48)年までの高度経済成長期，産業構造の変化に見合った人材養成を求める経済界の求めに呼応する形で，学校教育でも「能力主義」が強調されるようになった。とりわけ，後期中等教育（高等学校教育）では，能力や適性に応じた多様な学科が設置されていった。このことは，同時に，高等学校の序列化ももたらした。また，高度経済成長によって経済的な余裕が生まれてきたことや，第一次ベビーブーム期（1947～1949年生まれ）の子どもの中学卒業時期なども重なり，高等学校進学率が大きく伸びていった（1955年の51.5%から1965年の70.7%へ）。あわせて，受験競争も激化した。学習塾などの教育産業は隆盛を極め，偏差値の登場によって学校の序列化に一層の拍車がかかった。学校もテストで良い点数をとるための指導に終始し，学校教育の本質が置き去りにされつつあった。

高度経済成長が終わりを告げて間もない1975(昭和50)年，高等学校進学率は9割を超えた。しかし，前述のような学校教育の状況のなかで，子どもは押しつぶされそうになっていた。学校での学びについていけず「落ちこぼれ」のレッテルを貼られる子どもが続出し，校内暴力や集団非行，家庭内暴力などの「教育荒廃」も社会問題化したのである。これらへの対応は学校の現場はもちろんのこと，文部省にとっても喫緊の課題となっていった。

こうして，文部省は，1977(昭和52)年の「学習指導要領」の改訂から，授業時数の1割削減や，教育内容の大幅な精選など，「ゆとり」路線に転換していくのである。以降，今日に至るまで，高度情報化やグローバル化などの社会の変化に対応した学校教育とするために，「生きる力」の育成，「総合的な学習の時間」の創設，情報教育の推進，「言語活動」の充実，小学校への外国語活動

の導入，道徳の特別教科化，「主体的対話的で深い学び」の実現などを「学習指導要領」の改訂などのタイミングで取り入れてきた。

　私たちは，「学校」という社会装置のなかで，子どもをどう捉え，どう向き合っていったらよいのだろうか。そこに絶対的な答えは存在しない。学校教育の理念や歴史をふまえて，ぜひ一人ひとりが考えを深めてほしい。

■Ⅱ部の参考文献
イタール著，古武彌正訳『アヴェロンの野生児』福村出版，1975.
川本宇之介『デモクラシーと新公民教育』中文館書店，1921.
汐見稔幸ほか編著『よくわかる教育原理』ミネルヴァ書房，2011.
柴田義松・斉藤利彦編『教育史』学文社，2005.
鈴木理恵・三時眞貴子編著『教育の歴史・理念・思想』協同出版，2014.
田嶋一ほか『やさしい教育原理』第3版，有斐閣アルマ，2016.
田中智志・橋本美保監修・編著『教育の理念・歴史』一藝社，2013.
野口武悟「児童の権利に関する条約」『学校図書館』780号，2015，p.22.
野口武悟・前田稔編著『改訂新版　学校経営と学校図書館』放送大学教育振興会，2017.
古屋恵太編著『教育の哲学・歴史』学文社，2017.
森川輝紀・小玉重夫編著『教育史入門』放送大学教育振興会，2012.

コラム2：特別支援学校における学校司書の活動

　クリーム色とこげ茶色の校舎，子どもたちは「まるでプリンみたい」と言う。児童生徒50名が通う知的障害特別支援学校。こぢんまりとしたアットホームな雰囲気の学校だ。1階の正面玄関を入るとすぐのアクセスのよい場所に図書館がある。自前のエプロンを身につけカウンターに座る。これが毎日のルーティーン。一日の司書活動開始だ。今日は誰がやってくるのか，何が起こるのか，ワクワクドキドキ。

　2限目は中学部の調べ学習。前日に司書教諭と打ち合わせしているので安心だ。子どもの様子や実態を事前に聞くことで必要な支援が予想できる。これがとても大切なこと。授業が始まると，司書教諭が作った資料や説明を見聞きして修学旅行先にイメージを膨らませる子どもたちは真剣な表情だ。時には笑いも起こり，楽しく授業が進んでいく。調べ学習の度に，子どもたちの顔を思い浮かべながら，わかりやすい資料を選書している。公立図書館に出向き実際に資料を見て時間をかけて選ぶことも。「この資料はとても良かった」との声を聞くと，やはり嬉しい。学習のためのレファレンスは年々増えていくため，そのたびに作るブックリストはおおいに役立つ。また，子どもの実態と資料を知ることが大切だと実感している。紹介した本に興味を示した子どもたち，本はクラスに置いておくのでぜひ読んでね！

　3限目は高等部の作業学習。今日はビジネス班のメンバーと共にフィルムカバー掛けの作業だ。この作業は集中力が必要で根気がいる。油断するとシートにしわが寄ったり，空気が入って気泡ができたり，曲がったり，はさみで切る角度がうまくいかなかったりする。慣れた大人でも失敗して残念な出来になることも……。「難しいので苦手」と話す生徒もいたが，回数を重ねる度に徐々に上達し，なかには書店員並みの腕前になった生徒も。少しでも上手く掛けることができると満足げに顔がほころぶ。この作業を始めて5年，ようやく図書館の本すべてに掛けることができた。ほかにも本の整理整頓や蔵書をきれいにする作業などを一緒に行っている。子どもたちには，これらの作業を通して達成感や役に立っているという喜び，本を大切にする気持ちも育ったように思う。いつもありがとう！

　昼休憩は大忙しの図書館。「リクエストした本は届きましたか？」毎日リクエストしにやってくる生徒とカウンター越しにコミュニケーション。ほかにも「○○な本が読みたいんですけど……」と，時には唐突なレファレンスも。子どもたちからの要望には精一杯応えるようにしている。不思議なことに調べると県内に一冊しかない本がリクエストであったりする。蔵書の少ない学校図書館を支援してくださる県内の公立図書館はとてもありがたい存在。読みたかった本を手渡すと目を輝かせ嬉しそうに抱えて帰っていく。こちらまで嬉しくなる瞬間だ。

わかりやすい資料を紹介　　　　友だちと協力して調べ学習

　5限目，小学部がワーキングルーム利用にやってきた。ワーキングルームでは主にマルチメディアデイジー図書を視聴する。マルチメディアデイジー図書は音声で本を読んでくれる画期的な視聴覚図書。画像も挿入されているのでイメージがわき，子どもたちの理解を助けてくれる。絵本，物語，図鑑など数多く取り揃えている。自分で選べない子どもにはその子に合わせた選書をする。ヘッドホンを付けじっくりと画面を見つめる子，一緒に音読している子，その様子は個々に違う。「楽しかったね」「また来よう！」と笑顔で帰っていく。ぜひまた来てね！

　高等部を卒業した生徒が通っている専攻科。今日の最終は専攻科の研究ゼミだ。各々がテーマを決めて約1年間かけて調べたことをまとめて発表する。テーマはさまざまで生徒の実態も個々に違う。どんな資料を必要としているのか，具体的に生徒に尋ねて聞き出す。その後，集めた資料の中から生徒と一緒に選書をして使い方をアドバイスする。知らなかったことを知る喜びや新たな発見があって，みんな生き生きと学習している。わからなかったことがわかるってスゴイ！

　ある生徒とのエピソードがある。彼は高等部入学当初から図書館が大好きで毎日3回ほど顔を出す。お気に入りの本は決まっている。こだわりが強いのは障害特性だ。最初は言葉を交わすこともできなかったが徐々に好きな本の話や図書館で飼っている魚の話で会話ができるようになった。お気に入りの本も徐々に変化し，図書館を通じて彼の成長をみることができた。特別支援学校の子どもたちは，毎日自ら図書館に通ってくる子どももいれば，声を掛けられて図書館にやってくる子どももいる。本の貸借をする子，話がしたい子，顔を出すだけの子，心を落ち着かせにやってくる子もいる。ホッとする場所なのかもしれない。子どもたちの成長に図書館が役立っていればいいな。今日はこれでおしまい。明日はどんな一日かな……。

Ⅲ部　教育課程の意義と編成

8章
教育課程の意義と構造

8.1 教育課程とは何か

8.1.1 教育課程とカリキュラム

　日常生活を送る中で「教育課程」という言葉を聞く機会はあるだろうか。学校司書の方々の集まりでこの質問をしたところ，「聞いたことがある」という回答が多くあった。何人かにたずねたところ，「子どもの学校からの印刷物や保護者会などで，言葉についての説明はなかったが，触れたことがある」との返答であった。

　では「カリキュラムは？」とたずねたところ，こちらは「もう少し耳慣れた言葉のように感ずる」との答えだった。市民大学講座の内容の説明や，カルチャーセンターの講座，学習塾等の習い事等の説明の中に出てくるとのこと。確かに，調べてみるといろいろなところで「カリキュラム」という言葉は使われている。試しにインターネットの検索サイトにこの語を入れてみると，言葉の説明のあとには，大学のサイトで使われているものが多くヒットする。

　カリキュラムは一般的によく使われるようであるが，教育課程は学校に限定されあまり使われていない感じのようだ。そもそもこの2つの語は何を意味するのだろうか。

　辞書を調べてみると，

> 教育課程……学校教育の目的実現のためにつくられる，教育の目標・内容構成・配当時間などの総体。教科，科目等指導領域を設け，教材を選択・配列することによって編成される。カリキュラム。(『広辞苑』第7版)

これだと教育課程とカリキュラムは同義ということだろうか。カリキュラムは，

> カリキュラム……(ラテン語の cursus (競争路) から) 広義には，学習者の学習経路を枠付ける教育内容の系列。狭義には，学校教育の内容を発達段階や学習目標に応じて系統的に配列した教育課程。(『広辞苑』第7版)

と同義のように記述されている。

　はたしてこの2つの言葉は学校教育の世界では同義で使用されているのだろうか。カリキュラムは外来の言葉であるが，教育課程の語は，主として第二次大戦後の学校教育の中で，教育計画の意で使われてきた語である。それ以前は，この語に当たる語として「教科課程」や「学科課程」があった。戦前の教育計画は教科や学科が中心であったが，教育課程はその対象を広げて，教科以外の内容も含んで使われた。教育課程と呼ぶことによって教科や学科のような教師中心ないし教師主体の学校教育をやめ，もっと子ども主体の学校教育を目指す，そういう方向を示すために使われた語だともいわれている。

　教育課程は教育計画であるから，実際に教育活動が行われる前につくられる。しかし，実際に行ってみて不都合があれば計画の変更はありうるわけだし，結果をみて改善がなされる場合もあろう。しかし，一度つくったものは変えられないという声もよく耳にする。あくまで計画なのだから，柔軟に利用されることが望ましいと考える。

　カリキュラムは教育課程よりも広い意味あいをもつ言葉として使われている。語源等から，学習者の経験の総体と捉えられ，意図したカリキュラム，実施したカリキュラム，達成したカリキュラム等，教育課程よりも広く，動的に使われてきた語である。ただし，近年は辞書が示すように両者の意味は近づきつつある。

8.1.2　教育課程とは何か

現在の日本の学校教育の世界では「教育課程」はどのように定義づけられているだろうか。

まず,「学校教育法施行規則」では以下のように使われている。

> 小学校の教育課程は,国語,社会,算数,理科,生活,音楽,図画工作,家庭及び体育及び外国語の各教科(以下この節において「各教科」という。),特例の教科である道徳,外国語活動,総合的な学習の時間並びに特別活動によつて編成するものとする。(第50条)

小学校では各教科と道徳,外国語活動,総合的な学習の時間,特別活動から構成されるものであるとされている。

そして,小学校の教育課程の編成基準である「小学校学習指導要領解説　総則編」(「第2章　教育課程の基準」「第1節　教育課程の意義」)では,次のように定義が示されている。

> 学校において編成する教育課程については,学校教育の目的や目標を達成するために,教育の内容を児童の心身の発達に応じ,授業時数との関連において総合的に組織した各学校の教育計画であると言うことができ,その際,学校の教育目標の設定,指導内容の組織及び授業時数の配当が教育課程の編成の基本的な要素になってくる。[1]

これによれば,学校教育の目的・目標達成のために教育内容を総合的に組織した「計画」が教育課程であるとされている。この教育課程は法令に基づき各学校で編成される。よって教育課程は,学校ごとに作成される教育計画ということになる。

教育課程を次のように定義する研究者もいる[2]。

1：文部科学省『小学校学習指導要領(平成29年告示)解説　総則編』東洋館, 2018, p.11.
2：田中耕治「1　教育課程(カリキュラム)とは何か」田中耕治編『よくわかる教育課程』第2版, ミネルヴァ書房, 2018, p.3.

子どもたちの成長と発達に必要な文化を組織した，全体的な計画とそれに基づく実践と評価を統合した営み

この定義には次の3つの意が込められている。
①教育課程は子どもの成長と発達に必要な文化を意図的に組織したものである。
②子どもにとって必要な文化に対する考え方が異なれば，教育課程は異なる。
③教育課程は計画（Plan）することだけでなく，実践（Do）し，評価（Check）する営みである。

①は教育課程を子どもたちの学習経験や学校体験の「総体」とは考えずに，教える側が「意図的」に「組織」したものとして，その目的意識（そして評価を視野に入れる）を明確にしようとする考えに基づいたものである。

②は教育課程を編成する際の考え方によって，教育課程は異なってくるということである。たとえば，経験中心カリキュラムと教科中心カリキュラムの違いなどがこれに相当する。

③は教育課程を単なる計画としてだけでなく，動的に捉える考えに基づいたものである。これに「改善（Action）」を加え「PDCAサイクル」などと呼ばれるが，順序性を示すものでなく，実際の局面では実践の途上で計画が評価・改善され，また実践が行われるなど動的に関連しつつ展開している。

ここまでみてきたことから，「教育課程」は，第二次世界大戦後の新教育が展開する中で，教師中心，教科中心とした教育計画から，学習者に視点をあて，教科以外の教育経験も視野に入れた教育計画として展開し，その過程の中で「カリキュラム」に含意されていたような動的要素を含むものとして現在使用されるに至ったといえる。

8.2 教育課程の構成

8.2.1 教育課程構成の内的要素

　前節8.1.2で触れたが，文部科学省「学習指導要領」（解説）の定義では，教育課程は学校教育の目的や目標を達成するために，教育内容を児童生徒の心身の発達と授業時数の関係で総合的に組織した教育計画であるとしている。
　ここでいう教育内容とはどのようなものか。安彦忠彦は以下のように整理している[3]。
　①知識……概念，図式，論理，規則，法則，思想，哲学など
　②技能……身体的技能，知的技能（読み・書き・計算），表現伝達技能，思考技能，社会性技能など
　③価値……道徳的価値，芸術的価値，学問的価値，政治的価値，経済的価値，社会的価値など
　④態度……（一定した）ものの見方，感じ方，考え方など
　⑤活動……学習，練習，鑑賞，体験，経験など
　これらの教育内容のすべてが不変のもので，時代や社会体制等の違いを超えて正しいものであると捉えるには問題がある。なかには比較的普遍性の高いものもあるが，大部分が相対的な正しさしかもちえないものであることを肝に銘じておきたい。教育内容は，その時々の歴史的制約を受けている。学問は進歩し，価値観も変わっていくのである。
　さて，これらのような教育内容を心身の発達と授業時数の関係で総合的に組織するとはどういうことか。
　まず，これらの教育内容をどういうまとまりにして子どもたちに示すかという組織原理が必要になってくる。教育内容は通常そのままでは教えることができない。子どもの生活経験に基づいてまとめる（経験中心カリキュラム），学

3：安彦忠彦『教育課程編成論』放送大学教育振興会，2006.

問の体系に基づいてまとめる（教科中心カリキュラム）ことなどが考えられる。また，幼稚園などのように領域（健康・人間関係・環境・言葉・表現）で考えたり，総合的な学習の時間のように教科にはせず時間とする，機能的には教育活動全般に関わるものとするといったこと等が組織原理に関することになる。そして，教育内容のまとまりには子どもの発達（発達状況・年齢等）を考慮し，どのように配列するのかという配列原理が組織原理と共に重要になってくる。

　それに，それをどの程度まで身につけたらよいのかという履修原理も必要である。課程主義（修得主義）をとるのか，年齢（年数）主義（履修主義）をとるのかも考えなければならない。前者は目標水準の達成を求める考え方で，後者は一定年数を経て一定の年齢に達すれば修了を認めるというものである。

　これらを考慮したうえで，"どういう材料で教えるのか"という教材の量と質の問題，"何時間かけて教えるのか"という授業時数の問題を加味して教育課程は作られていく。教材の代表的なものは教科書である。日本では，教科書が教科の主たる教材と「教科書の発行に関する臨時措置法」によって定められており，文部科学大臣の検定を経た教科書の使用義務が定められている。教科書は，Ⅲ部9章9.1で説明する「学習指導要領」や「教科用図書検定基準」等をもとに作成され，これによって学校教育の教育内容の履修を保障をしているが，特別支援校等では教育内容に鑑みた使用に関する例外規定もある。

　教育課程において授業時数は重要な要素である。たとえば社会科の授業を，第何学年で年に何時間，または週に何時間配当することが適当であろうか。授業時数の配分は，子どもの負担こそを考慮しなければならない。しかし近年は，適する授業時数をどのように確保するかという段階を超え，より多くの授業時間を確保する方向に教育行政や学校が動いているようにもみえる。量的な時間の増加には限りがある。質をどうやって高めていくかを考えることこそが重要ではないだろうか。

　これらに加え，指導形態・方法・技術の問題も考慮されるが，これまでの日本の教育課程ではこの側面が弱かった。しかし2017・18年に改訂された「学習指導要領」ではアクティブ・ラーニングが注目されるなど（最終的に「主体的・対話的で深い学び」と表現を変えた），指導方法についても教育課程に含

まれるようになってきている。指導形態についていえば，個別学習なのか，グループ学習なのか，一斉学習なのかといった子どもの学習集団に関するもの（これには習熟度別など，学習集団の構成に関わるものもある）や，ティーム・ティーチングのように指導者が複数いるもの等がある。指導方法・技術は教育内容や教材・教具，指導形態とも関連し，実に多様である。また，異なるさまざまな教育課程に用いられるなど，独立性をもったものである。そのため，教育課程の内的構成要素としては，注意して扱わなければならないだろう。

8.2.2 教育課程構成の外的要因

ここまで述べてきたことは，教育課程を考えるうえでの内的要素の問題（内容的問題）であるが，外的要因も存在する。行政的決定過程，施設・設備，教職員の量と質がそれである[4]。

第二次世界大戦後直後，当時の文部省は，教育課程は各学校が編成すべきもので，国はその参考とするものを示すという姿勢であった。当時の学習指導要領は「試案」として示されており，各学校が教育課程を構成する（当時は「編成」ではなく「構成」の語が使われていた）際のたたき台としての性格を帯びていた。しかし現在は，教育課程は編成基準の一つを成すものとされている。教育課程の編成は各学校ごとに行われるため，行政の力がどこまでどのように及んでくるかで教育課程は変わってくる。

また，施設・設備の問題はきわめて重要である。よい教育課程を作っても，それを実施できる施設・設備が整っていなければ意味がない。たとえば教育課程の中で，学校図書館を活用した探究型の学習を位置づけたとしても，利用する児童生徒の人数や授業での利用頻度に対応できる学校図書館施設がなければ，その教育課程は絵に描いた餅になってしまう。教育課程の実施にふさわしい施設・設備が用意されることが理想的であるが，実際問題として，施設・設備の制約により教育課程が制限されていることもある。

最後に，教育課程の目標・目的とするところを，量的・質的に実現するに足

4：前掲3，p.33.

る教職員が配置されていることが必要である。児童生徒数と教育課程の実現に足るだけの教職員が配置されることが求められているが，日本では「公立義務教育諸学校の学級編制及び教職員定数の標準に関する法律」によって一学級の児童生徒の数が，小学校35人，中学校が40人とされている（単式学級の場合）。実際の学級規模をみると初等教育で27人，前期中等教育32人となっており，OECD加盟国平均が初等教育21人，前期中等教育23人[5]であるのに対して多くなっている。また教員についていえば，教員一人あたりの児童生徒数は初等教育17人，前期中等教育14人であるが，OECD加盟国平均は初等教育15人，前期中等教育13人と，これまた多い（2015年の調査から）。

近年特別支援学校では，学校介護職員を配置し，児童生徒の学校生活支援を行っている地域がある[6]。学校介護職員は主として児童生徒の学校生活における介護業務に従事し，教室等の環境整備を行う。教員だけでは応じきれない介護的な事柄を学校介護職員が担うことで人の手は量的に拡大しているが，その分教員が減じられ，教育としての質が確保されているのかとの疑問の声もある。

5：経済協力開発機構編著『図表でみる教育 OECDインディケータ（2017年版）』明石書店，2017, p.410-421.
6：東京都教育委員会「都立特別支援学校　学校介護職員」http://www.kyoiku.metro.tokyo.jp/staff/recruit/administrative/nursing_care_staff.html，（参照2018-07-19）

9章
「学習指導要領」と教育課程編成の実際

9.1 「学習指導要領」とは何か

　「学習指導要領」とは何か。文部科学省によると，全国のどの地域で教育を受けても，一定の水準の教育を受けられるようにするため「学校教育法」等に基づき各学校で教育課程を編成する際の大綱的基準としている。初めて示された1947（昭和22）年版では「試案」とされ，各学校で教育課程を構成する際の手引きとしての位置づけであったが，1955（昭和30）年には「試案」の文言が削られ，1958（昭和33）年には「告示」という形で公示された。これ以降，「学習指導要領」は法的拘束力のある基準として扱われている。

9.1.1 「学習指導要領」の作成過程

　各学校で編成される教育課程の基準となる「学習指導要領」は，どのようにして作成されるのだろうか。

　「学習指導要領」の作成の方針については，文部科学大臣の諮問に基づき，中央教育審議会の教育課程部会で検討がなされる。諮問とは，ある問題について有識者，または一定の機関に意見を求めることである。中央教育審議会はそれまで教育制度を対象としてきたが，1999（平成11）年の「文部科学省設置法」制定以降は，教育や学術，文化に関わる政策を審議して提言する機関となった。この時，従来の理科教育及び産業教育審議会，教育課程審議会，教育職員養成審議会，保健体育審議会，生涯学習審議会の役割も負うことになった。中央教

育審議会教育課程部会の委員は研究者，教育委員会関係者，学校の管理職や教員，PTA団体関係者，民間企業関係等からなり，文部科学大臣からの諮問事項を元に議論を重ね，大臣に答申を提出する。

　現行の「学習指導要領」の場合，2014(平成26)年11月に文部科学大臣より「初等中等教育における教育課程の基準等の在り方について（諮問）」が出され，2015(平成27)年8月末に論点整理を行い，2016(平成28)年8月に「審議のまとめ」が出された。それに対するパブリックコメントの募集が行われ，それらも参考にしつつ，2016年12月に最終答申が提出された。これにもとづいて中央教育審議会の部会員や新たに加わった協力者および文部科学省の職員により「学習指導要領」の改訂案が作成・公表された。これについてもパブリックコメントが募集され，それらをふまえた後に告示された。小・中学校の場合は，案が示されたのが2017(平成29)年2月，パブリックコメントの募集が2月半ばから3月半ばまでの1カ月間，告示されたのが3月末，その解説編（文部科学省が「学習指導要領」を詳しく解説したもの）が公開されたのが6月末であった。この「学習指導要領」は，2017年の周知徹底期間，2018(平成30)～19(平成31)年の移行措置期間を経て（この間に教科書検定・採択，「学習指導要領」の一部実施が行われる），2020年から全面実施となる（中学校は3年間の移行措置期間を経て2021年から全面実施）。高等学校は改訂自体が1年遅れて2017年度末，2018年が周知徹底期間，3年間の移行措置期間を経て2022年度入学生より学年進行で実施となる。

9.2　「学習指導要領」の構造

9.2.1　全体の構成

　「学習指導要領」はどのような構造になっているのだろうか。小学校を例にみていこう。2020年から使用されている「小学校学習指導要領」は次のように6章からなっている。

第1章　総則
第2章　各教科
　第1節　国語
　第2節　社会
　第3節　算数
　第4節　理科
　第5節　生活
　第6節　音楽
　第7節　図画工作
　第8節　家庭
　第9節　体育
　第10節　外国語
第3章　特別の教科　道徳
第4章　外国語活動
第5章　総合的な学習の時間
第6章　特別活動

　第1章の総則は小学校の教育課程全般に関わることを記述し，第2章の各教科では教育内容を学問の系統を基本にまとめ，学年順に示し，第3章以降では特別の教科，活動，時間について示している。

9.2.2　総則の構成

「学習指導要領」の総論にあたる総則はどのような構成となっているだろうか。

　第1　小学校教育の基本と教育課程の役割
　第2　教育課程の編成
　　1　各学校の教育目標と教育課程の編成
　　2　教科等横断的な視点に立った資質・能力の育成[1]

1：この項の(1)に「言語能力，情報活用能力（情報モラルを含む），問題発見・解決能力等の学習の基盤となる資質・能力」が育成すべき資質能力として示され，教科横断的な視点から教育課程の編成を図ることを求めている。

3　教育課程の編成における共通的事項
　(1)　内容等の取扱い
　(2)　授業時数等の取扱い
　(3)　指導計画の作成等に当たっての配慮事項
4　学校段階等間の接続
第3　教育課程の実施と学習評価
1　主体的・対話的で深い学びの実現に向けた授業改善[2]
2　学習評価の充実
第4　児童の発達の支援
1　児童の発達を支える指導の充実
2　特別な配慮を必要とする児童への指導
　(1)　障害のある児童などへの指導
　(2)　海外から帰国した児童などの学校生活への適応や，日本語の習得に困難のある児童に対する日本語指導
　(3)　不登校児童への配慮
第5　学校運営上の留意事項
1　教育課程の改善と学校評価等
2　家庭や地域社会との連携及び協働と学校間の連携
第6　道徳教育に関する配慮事項

　第1では，「教育基本法」や「学校教育法」等の法令に従って，児童の人間として調和の取れた育成を期して「生きる力」(「学習指導要領」によって育成される総合的な能力) をどのようにして育てるべきなのか，そのために教育内容のまとまりである各教科等の指導を通じてどのような資質・能力を育てるのかが示されている。また，このような取り組みの中で，教育課程は教育計画としての役割だけでなく，教育活動の質的向上を組織的・計画的に図るために活用すること（カリキュラム・マネジメント）が示されている。
　第2では，1で各学校の教育目標と各教科等・時間・活動で育てられる資質・能力の関連を明確にしつつ，2で教科横断的視点に立って資質・能力を育成する教育課程を編成することを示している。3では各学校で共通して扱わな

2：7項目中(2)に読書活動，(7)に学校図書館について言及

ければならない内容，授業時数の取り扱い（総時数・日時程等），指導計画を作成するにあたり配慮すべきことが示され，4では今回の「学習指導要領」の改訂で強調されている学校間の接続について示され，小学校入学前の幼児教育との接続（「幼稚園教育要領」への目配り），中高等学校教育との接続のために配慮すべきこと（中・高等学校の「学習指導要領」への目配り）が示されている。ここで，学校司書として注目すべきは，教科横断的な視点に立って育てるべきとして，言語能力，情報活用能力，問題発見・解決能力が示されていることである。これは学校図書館を活用して育てられるであろう情報リテラシーと重なるところが多い資質・能力である。

第3では，今次の改訂の重点の一つである「主体的・対話的で深い学び」の実現に向けた授業改善について示されている。各教科等の学習で身に付けた知識・技能を活用することで育てられる見方・考え方を働かせた学習を重視しており，その育成のためには国語科を要としつつ言語活動の充実，情報活用能力の育成（コンピュータや情報通信ネットワークの活用），教材・教具の活用が必要とされている。また，学習評価の充実についても示されている。ここで学校司書として注目すべきは，言語活動の充実にあわせて読書活動の充実と学校図書館の計画的利活用が示されていることである。

第4では，学級経営の充実，個々の児童に応じた支援，特に特別な教育的ニーズのある児童への指導（障害・言語習得困難・不登校）の必要が示されている。学校図書館は特別な教育的ニーズのある子どもへの対応も期待されている。ここについても注目しておきたい。

第5では，各学校の特色に応じた教育の展開と校務分掌，カリキュラム・マネジメント，いじめの防止や食育，安全の確保等，家庭や地域社会・学校間の連携・協働について示されている。

第6は，今次の改訂の重点の一つである道徳教育について示されている。

9.2.3　各教科の構成

各教科はどのような構成になっているだろうか。

各教科は第1で教科全体の目標，第2で各学年の目標及び内容，第3で指導

計画の作成と内容の取扱いが示されている。たとえば社会科は以下のようになっている。

> 第1　目標
> <u>社会的な見方・考え方を働かせ</u>，課題を追究したり解決したりする活動を通して，グローバル化する国際社会に主体的に生きる平和で民主的な国家及び社会の形成者に必要な公民としての資質・能力の基礎を次のとおり育成することを目指す。
> (1)　地域や我が国の国土の地理的環境，現代社会の仕組みや働き，地域や我が国の歴史や伝統と文化を通して社会生活について理解するとともに，様々な資料や調査活動を通して情報を適切に調べまとめる技能を身に付けるようにする。
> (2)　社会的事象の特色や相互の関連，意味を多角的に考えたり，社会に見られる課題を把握して，その解決に向けて社会への関わり方を選択・判断したりする力，考えたことや選択・判断したことを適切に表現する力を養う。
> (3)　社会的事象について，よりよい社会を考え主体的に問題解決しようとする態度を養うとともに，多角的な思考や理解を通して，地域社会に対する誇りと愛情，地域社会の一員としての自覚，我が国の国土と歴史に対する愛情，我が国の将来を担う国民としての自覚，世界の国々の人々と共に生きていくことの大切さについての自覚などを養う。（下線は筆者による）

「第1　目標」では，社会科の教科全体（第3学年から第6学年で実施）の目標を示している。今次の改訂で，各教科は教科固有の見方・考え方を働かせることを目標に示している（下線部参照）。そして，具体的な学習活動を通して，各教科固有の資質・能力の育成を目指すという構成になっている。その下位項目として，(1)には基礎的な知識・技能に関する事柄，(2)には思考力・判断力・表現力等の能力に関する事柄，(3)には学びに向かう力や人間性に関わる事柄が記述されている。これは中央教育審議会で検討された「学習指導要領」の展開によって育成すべき学力の3要素に対応している（図9-1）。

　この構造は，中学校・高等学校においても基本的に同様である。
　「第2　各学年の目標及び内容」についてもみてみよう。

| Ⅲ部　教育課程の意義と編成

図9-1　学習指導要領改訂の方向性（案）
出典：文部科学省 教育課程部会　総則・評価特別部会（第10回）配付資料
「資料1　学習指導要領改訂の方向性（案）[3]

第2　各学年の目標及び内容
〔第3学年〕
1　目　標
社会的事象の見方・考え方を働かせ，学習の問題を追究・解決する活動を通して，次のとおり資質・能力を育成することを目指す。
(1) 身近な地域や市区町村の地理的環境，地域の安全を守るための諸活動や地域の産業と消費生活の様子，地域の様子の移り変わりについて，人々の生活との関連を踏まえて理解するとともに，調査活動，地図帳や各種の具体的資料を通して，必要な情報を調べまとめる技能を身に付けるようにする。
(2) 社会的事象の特色や相互の関連，意味を考える力，社会に見られる課題を把握して，その解決に向けて社会への関わり方を選択・判断する力，考えたことや選択・判断したことを表現する力を養う。
(3) 社会的事象について，主体的に学習の問題を解決しようとする態度や，よりよい社会を考え学習したことを社会生活に生かそうとする態度を養うとと

3：文部科学省 教育課程部会　総則・評価特別部会（第10回）配付資料「資料1　学習指導要領改訂の方向性（案）」http://www.mext.go.jp/b_menu/shingi/chukyo/chukyo3/061/siryo/__icsFiles/afieldfile/2016/07/20/1374453_1.pdf（参照2018-07-30）

もに，思考や理解を通して，地域社会に対する誇りと愛情，地域社会の一員としての自覚を養う。
2　内　容
 (1)　身近な地域や市区町村（以下第2章第2節において「市」という。）の様子について，学習の問題を追究・解決する活動を通して，次の事項を身に付けることができるよう指導する。
　　ア　次のような知識及び技能を身に付けること。
　　　(ｱ)　身近な地域や自分たちの市の様子を大まかに理解すること。
　　　(ｲ)　観察・調査したり地図などの資料で調べたりして，白地図などにまとめること。
　　イ　次のような思考力，判断力，表現力等を身に付けること。
　　　(ｱ)　都道府県内における市の位置，市の地形や土地利用，交通の広がり，市役所など主な公共施設の場所と働き，古くから残る建造物の分布などに着目して，身近な地域や市の様子を捉え，場所による違いを考え，表現すること。
　(略)
3　内容の取扱い
 (1)　内容の(1)については，次のとおり取り扱うものとする。
　　ア　学年の導入で扱うこととし，アの(ｱ)については，「自分たちの市」に重点を置くよう配慮すること。
　　イ　アの(ｲ)については，「白地図などにまとめる」際に，教科用図書「地図」（以下第2章第2節において「地図帳」という。）を参照し，方位や主な地図記号について扱うこと。

1の目標については，教科の目標と同じ構造で表現されていることがわかるだろう。続く2の内容についての記述は，目標の記述に対応して内容ごとに基礎的な知識・技能に関わること，思考力・判断力・表現力等に関わることが記述され，学びにむかう力・人間性は全体を通じて育てるとされている。3の内容の取り扱いは，具体的な学習の際の留意事項を示したものである。

これに続いて「第3　指導計画の作成と内容の取扱い」が示されている。

第3　指導計画の作成と内容の取扱い
1　指導計画の作成に当たっては，次の事項に配慮するものとする。
(1)　単元など内容や時間のまとまりを見通して，その中で育む資質・能力の育成に向けて，児童の主体的・対話的で深い学びの実現を図るようにすること。その際，問題解決への見通しをもつこと，社会的事象の見方・考え方を働かせ，事象の特色や意味などを考え概念などに関する知識を獲得すること，学習の過程や成果を振り返り学んだことを活用することなど，学習の問題を追究・解決する活動の充実を図ること。(略)
2　第2の内容の取扱いについては，次の事項に配慮するものとする
(1)　(略)
(2)　学校図書館や公共図書館，コンピュータなどを活用して，情報の収集やまとめなどを行うようにすること。また，全ての学年において，地図帳を活用すること。

このように単元レベル等での指導計画を作成する際に，どのようなことに留意すればよいのかが示してある。

社会科を例にみてきたが，他の教科や時間等についても教科等の特性に応じた示し方がされており，基本的な構造は同一である。

9.3　学校での教育課程編成の実際

9.3.1　教育課程編成の手順

ここまで教育課程の編成基準である「学習指導要領」をみてきたが，では実際に各学校での教育課程編成はどのように行われるのだろうか。教育課程編成の責任者は学校長であり，その学校長が全教職員の協力を得て編成する。

教育課程を編成するためには，
①関係法令の関連事項の確認
　　教育基本法／学校教育法・同施行規則／地方教育行政の組織及び運営に関する法律／各地域の学校の管理運営に関する規則等
②学習指導要領の把握

③地域の教育政策の把握（都道府県，区市町村等）

をしたうえで，各学校の創意工夫によって特色ある教育課程を編成・実施することが求められている。これらを前提に，

　④地域の実態
　⑤児童（又は生徒）の実態
　⑥学校の実態

をふまえ，

　⑦教育課程の編成に対する学校の基本方針の明確化（全教職員の共通理解）
　⑧教育課程編成のための具体的な組織と日程の決定（組織的・計画的実施）
　⑨学校の教育目標など，教育課程編成の基本事項の決定
　⑩教育課程の編成（教育目標の実現を目指し，教育内容を選択・組織し，授業時数を配当）

を行っていく。

9.3.2　編成された教育課程の例

　各学校は所轄の教育委員会に，通例年度末に次年度の教育課程を届け出ることになっている。東京都のある区の小学校が届け出た教育課程は以下の項目から構成されていた。

　　［東京都のある区の教育課程（届）で表記された項目］
　　1　教育方針
　　（1）学校の教育目標
　　（2）学校の教育目標を達成するための基本方針
　　　　（確かな学力の育成，豊かな人間性の育成，健やかな身体の育成，特別支援教育の推進，オリンピック・パラリンピック教育の推進，家庭・地域との連携，小中連携）
　　2　指導の重点
　　（1）各教科等
　　　　（基礎・基本の確実な定着，「調べる学習」の充実，ICT活用，体育授業の充実・運動する場や機会の充実，道徳教育の推進，外国語活動の推進，展覧会の推進，特色ある教育の推進，防災・防犯教育等の推進，読書科の充実）

(2) 生活指導・進路指導

　　　（健全育成の推進，基本的生活習慣・情報モラルの育成，教育相談の推進，進路指導の推進）

　(3) 特別支援教育

　　　（配慮を要する児童の支援の充実，インクルーシブ教育の推進）

　(4) 小中連携教育

　　　（小中連携を視野に入れた指導の展開，多様な交流活動の推進）

　(5) その他

　　　（オリンピック・パラリンピック教育の推進，家庭・地域との連携，協働の推進）

3　学年別授業日及び授業時数等の配当

　(1) 年間授業日数配当表

　(2) 各教科等の年間授業時数等配当表

　これらに加えて年間行事予定表を付すことを求める教育委員会もある。

　教育課程に加え，実際に学校現場では日時程・週時程や各教科等の年間指導計画が重要となる。学校の教育目標や各種重点を具現化するのは，各教科等をはじめとした実際の授業である。実際の授業において，各教科等の年間指導計画や単元一覧等に基づく指導がなされることにより，求める資質・能力等が育成され，学校の教育目標が達成されるのである。

10章
教育課程と学校図書館：
「学習指導要領」の変遷と学校図書館

　教育課程は，教育に対する考え方，児童生徒の実態や地域の実態，学校体制等を考慮して編成されるが，日本においては「学習指導要領」という基準が大きな影響を及ぼしてきた。本章では，「学習指導要領」の変遷を概観し，学校図書館との関係性についてみていくことにしたい。

　「学習指導要領」に，学校図書館やそれに関わる教育活動はどのように位置づけられてきたのであろうか。

　「学習指導要領」は，1947(昭和22)年に「試案」として発表され，1951(昭和26)年の改訂を経て，1958(昭和33)年から文部省告示として（法的拘束力をもったものとして）各学校の教育課程編成の基準として機能するようになった。その後はほぼ10年ごとに，2017(平成29)年に発表され2020年度から小学校で実施される改訂まで，9回の改訂を経てきている（中学校は2021年度，高等学校は2022年度から順次）。

　なお，小・中・高等学校の「学習指導要領」の改訂は，必ずしも同年に発表されているわけではないため，以降では「小学校学習指導要領」の改訂年を基準に述べていく。

10.1　「学習指導要領」改訂の概略

　戦後直後の1947年に示された最初の「学習指導要領」では，戦前の軍国主義教育の反省から，戦後の日本民主化のためのカリキュラムが展開された。それは，子どもの生活経験や体験活動を組織化して編成されたカリキュラムであっ

た。また,「試案」という言葉が付され,各学校が教育課程編成の主体であり,その参考に用いてほしいという立場であった。

ところが,1958(昭和33)年の改訂において「学習指導要領」は告示され,各学校における教育課程編成の基準として法的拘束力をもつとされるようになった。その後1960年代に入り,東西両陣営が対立する冷戦体制の中,東側のソビエト連邦が初の人工衛星スプートニクの打ち上げに成功し(1957年),科学技術力の優位を示すと,西側のアメリカ合衆国は危機感を抱き(スプートニク・ショック),科学技術力を高めるために系統主義のカリキュラムへと改革することになった。日本にもその影響は及び,「学習指導要領」の編成原理は,経験主義から系統主義へと変わり,教育内容も増加した。系統主義のカリキュラムは,知識や技能を効率的に教えることができると考えられ,科学技術の水準を引き上げるために有効とみられたのである。1968(昭和43)年の改訂がこれにあたり,それがこれまで最も教育内容の多い「学習指導要領」となった。

しかし学校現場では,内容増加に応じきれず「詰め込み教育」と批判される状態や,「落ちこぼれ」が問題となった。そこで教育内容を削減し,ゆとりを生み出し,人間性豊かな子どもを育てる方向へと「学習指導要領」は変化する(昭和52年改訂)。そのころ,学校ではいじめ,不登校,校内暴力といった問題が起こり社会問題化していた。

そのような中で,21世紀を目前にした1989(平成元)年の改訂では,新たな社会の変化に対応するために「新しい学力」が必要だとして,主体的な問題解決の力である「生きる力」を育成する方向を目指すようになる(その後,「生きる力」は数度再定義される)。

1998(平成10)年の改訂では,週5日制の実施など,ゆとりの中でこの「生きる力」を育成しようとされた。「生きる力」を育てる中核として「総合的な学習の時間」が創設される。しかし,国際的な学力調査の結果から日本の子どもの学力が低下しているのではないかとの批判が高まり,「生きる力」を育てる方向性は維持されながらも,基礎・基本の習得にも重点が置かれた改訂が2008(平成20)年に行われるに至った。

そして,2017(平成29)年(高等学校は2018年)に行われた改訂では,社会の

情報化がいっそう進む中，AI等の技術革新による産業構造・社会構造の変化を見通し，これまでの教科等で教えられていた学習内容は維持しつつ，学習の基盤となる言語能力，情報活用能力，問題発見・解決能力等の育成や現代的な諸課題に対応して求められる資質・能力の育成が求められ，カリキュラム・マネジメントによる教科横断的な学習を充実することや「主体的・対話的で深い学び」の実現に向けた授業改善に取り組むことが盛り込まれた。

10.2 「学習指導要領」改訂と学校図書館

このような中で，学校図書館は「学習指導要領」に如何に位置づけられてきたのだろうか。概略を表10-1に整理した。

この9回の改訂の中で，学校図書館が最初に登場するのは1958（昭和33）年度版で，総論にあたる総則に「学校図書館の資料や視聴覚教材などについては，これを精選して活用すること」と述べられている。ここでは，教育課程編成の際に学校図書館の資料を精選して活用することが求められているが，教科等のどこにおいてなのかは明示されていない。

しかしながら，1958年度版まで，戦後直後の学校教育において学校図書館が視野に入っていなかったわけではない。初めての「学習指導要領」である1947（昭和22）年度版には自由研究の時間が設けられている。これは，児童生徒の個性を伸長するために，教科学習の発展や総合的な問題解決の学習に各学校の裁量で弾力的に運用できる時間として設定されていた。現在の教育課程でいうところの，総合的な学習の時間や特別活動に相当するが，より自由度の大きなものであった。デューイの『学校と社会』（1899年）にみられるように，デューイの主張した経験主義の教育においては，学校図書館の占める位置は重要であった。戦後直後の日本の教育は，アメリカの経験主義の教育に大きく影響を受けていたわけであるが，自由研究の時間のような学習を展開する際には，当然学校図書館は有力な施設・機能となったはずである。ただし，戦後の復興期にあたったこの時代では，資料等の不足から学校図書館自体の機能が不十分であったことも否めない。また，最初の「学習指導要領」が出された翌年の1948

表10-1　「学習指導要領」における学校図書館の位置づけ

	改訂発表年	改訂の重点等	学習指導要領の学校図書館関連記述及び関連事項
1	昭和22年(1947年)	試案としての発表。各学校の裁量の重視。戦後民主主義の発展のための経験主義カリキュラム。「社会科」「自由研究」「家庭科」設置	文部省『学校図書館の手引き』発行（昭和23年）学校図書館協議会「学校図書館基準」（昭和24年）
2	昭和26年(1951年)	昭和22年度版の整理を進める。「自由研究」の廃止。小学校に教科以外の活動，中・高に特別活動を創設	「学校図書館法」制定（昭和28年）
3	昭和33年(1958年)	「試案」から「告示」となり，法的拘束力をもつことになる。道徳の時間が特設される	総則（指導計画作成および指導の一般方針）に学校図書館に関する記載が登場。「学校図書館の資料や視聴覚教材などについては，これを精選して活用すること」。国語科にも記述あり 文部省「学校図書館運営の手引き」（昭和34年） 文部省「学校図書館における図書以外の資料の整理と活用」（昭和35年）
4	昭和43年(1968年)	教育の現代化運動の影響を受けた現代化カリキュラム（系統主義カリキュラム）。スプートニク・ショックによる	総則（教育課程一般）に「学校図書館を計画的に利用すること」の記述あり。「教科書その他の教材・教具を活用し，学校図書館を計画的にりようすること」。特活（学級指導）に利用指導が位置づけられる。国語科（小）に記述あり
5	昭和52年(1977年)	「詰め込み教育」「落ちこぼれ」が問題となり，教育内容の削減（1割）図られた。のちに「ゆとり」カリキュラムと呼ばれる改訂が行われた。「ゆとりの時間」（学校裁量の時間）が創設された	総則に「視聴覚教材などの教材・教具や学校図書館を計画的に利用すること」の記述あり。特活・学級指導に，学業生活の充実に学校図書館の利用の方法等を採り上げることの記述あり。国語科にも記述あり

	改訂発表年	改訂の重点等	学習指導要領の学校図書館関連記述及び関連事項
6	平成元年(1989年)	新学力観に基づき「生きる力」の育成を志向する。小学校低学年で理科・社会科を廃止し生活科を創設。高等学校では社会科が地歴科と公民科にわかれ世界史必修となる。国旗国歌の取り扱いを明確化	総則「学校図書館を計画的に利用しその機能の活用に努めること」国語科・特別活動に記述あり。文部科学省「学校図書館図書標準」（平成5年）を設定。「学校図書館図書整備5カ年計画（第1次）」（平成5〜9年）以降，第5次まで。「学校図書館法」の一部改正（平成9年）により司書教諭の配置猶予を平成15年までとする
7	平成10年(1998年)	「生きる力」を培うことを基本とした改訂。総合的な学習の時間，情報科（高等学校）の創設。「学習指導要領」は最低基準との見方を示した。学校5日制の実施	総合的な学習の時間での活用に注目。小学校社会科に学校図書館の活用が登場「子どもの読書活動に関する法律」制定（平成13年）「子供の読書活動の推進に関する基本的な計画」閣議決定（平成14年）
8	平成20年(2008年)	「教育基本法」改正後の初の改訂。ゆとり教育の見直し	学校図書館は，読書センターと学習・情報センター機能を有するとされた。知識基盤社会に生きる子どもを育てるために，全教科を通じて学校図書館の活用に注目
9	平成29年(2017年)	18歳選挙実施に伴う高等学校地歴科，公民科の科目改編，現代社会は廃止され公共を新設。高等学校の総合的な学習の時間の名称を総合的な探究の時間に変更。小中学校の道徳の時間を特別の教科道徳に改編。小学校に英語科新設	学校図書館は読書センターと学習センター，情報センターの3機能を有するとされた。「学校図書館法」の一部改正（平成27年）により，学校司書が位置づけられる文部科学省「学校図書館ガイドライン」「学校司書モデルカリキュラム」策定（平成28年）「子供の読書活動の推進に関する基本的な計画（第5次）」閣議決定（平成30年）

(昭和23)年に『学校図書館の手引』が出されていることも注目すべきである。この前書きには「従来，わが国では，教育施設の一部としての学校図書館が，あまり重視されていなかった。しかしながら，学校図書館は，新しい教育においては，きわめて重要な意義と役割を持っているので，学校図書館の発達を促すために，文部省は昭和二十二年の春，「学校図書館の手引」編集員会を設け，この手引書を作ることになった」（下線は筆者による）と戦後新教育における学校図書館の重要性を強調している。

　3回目の改訂である1958(昭和33)年の「小学校学習指導要領」では「第1章総則」の「第2　指導計画作成および指導の一般方針」の2の各教科，道徳，特別教育活動及び学校行事等の指導の能率的，効果的にするための留意事項として「教科書その他の教材，教具などについて常に研究し，その活用に努めること。また，学校図書館の資料や視聴覚教材等については，これを精選して活用するようにすること」（中・高等学校も同様）が示された。これはその後の位置づけの基本となり，学校図書館は教科書等の教材・教具，および視聴覚教材の活用との関連で示されていくことになる。また，小学校の国語科では，「読むこと」の指導事項に加えて「「学校図書館の利用のしかたがわかること」などについて指導することも望ましい」との記述も現れた。

　1968(昭和43)年の改訂では，総則の教育課程一般の配慮事項として「教科書その他の教材・教具を活用し，学校図書館を計画的に利用すること。なお，学校の実態に即して視聴覚教材を適切に選択し，活用して，指導の効果を高めること」とある。ここで「計画的に」の文言が入ったことは注目に値する。「活用」のレベルよりも一歩進み，教育課程へ位置づけて活用することが意図されたとも読めるだろう。この改訂では教科での言及も増え，小学校の国語科では指導計画の作成と各学年にわたる内容の取り扱いで「読むことの指導については，日常における児童の読書活動も活発に行われるようにするとともに，他の教科における読書の指導や学校図書館における指導との関連をも考えて行なうこと。また，児童の読む図書の選定に当たっては，国語科の目標を根底にして，人間形成のため幅広くかたよりのないようにすること」（下線は筆者による）と示された。また，特別活動における学級指導の項目として「学級指導におい

ては，学校給食，保健指導，安全指導，学校図書館の利用指導その他学級を中心として指導する教育活動を適宜行なうものとする」と挙げられ，学校図書館の利用指導も位置づけられたのである。

1977(昭和52)年の改訂では，総則に「視聴覚教材などの教材・教具や学校図書館を計画的に利用すること」とあり，大きく位置づけは変わっていない。しかしながら，小学校国語科・特別活動（以下，特活）以外にも中学校の特別活動における学級指導のなかの学業生活の充実の項に「選択教科等の適切な選択の援助，学業上の不適応の解消，学習の意欲や態度の形成，学校図書館の利用の方法などを取り上げること」と，学校図書館の利用指導が位置づけられるようになった。

10.3　学力観の転換と学校図書館への注目：平成の「学習指導要領」改訂

1989(平成元)年の改訂では，学校教育で育てる学力の捉え方が大きく変わった。従前の注入主義とも批判された授業形態を一変させ，自ら学び，自ら考えることを重視する新学力観が示され，「学習指導要領」はそれに基づいて改訂がなされた。ここで学校図書館は「視聴覚教材や教育機器などの教材・教具の適切な活用を図るとともに，学校図書館を計画的に利用しその機能の活用に努めること」（下線は筆者による）とされた。下線部分が新たに加わったところである。資料提供をはじめとする学校図書館の機能に着目することによって，施設・場としての学校図書館に限定されない利活用の可能性が示されたとはいえ，その範囲が広げられたたと捉えることができるだろう。

1998(平成10)年の改訂は，1989年の改訂で示された新学力観による教育をいっそう進めるものであった。特に注目したいのは「総合的な学習の時間」の創設である。総合的な学習の時間は次のことをねらいとして設置された。

(1) 自ら課題を見付け，自ら学び，自ら考え，主体的に判断し，よりよく問題を解決する資質や能力を育てること。

(2) 学び方やものの考え方を身に付け，問題の解決や探究活動に主体的，創造的に取り組む態度を育て，自己の生き方を考えることができるようにすること。

　このねらいに応じて，「例えば国際理解，情報，環境，福祉・健康などの横断的・総合的な課題，児童の興味・関心に基づく課題，地域や学校の特色に応じた課題などについて，学校の実態に応じた学習活動を行うもの」としている。
　ここで注目したいのは「学び方」を学ぶということと「問題の解決や探究活動に主体的，創造的に取り組む態度を育て」るために，横断的・総合的な課題，児童の興味・関心に基づく課題，地域や学校の特色に応じた課題に取り組むということである。総合的な学習の時間は学校ごとに特色を生かして教育内容を構築するという趣旨によって，教科書はつくられなかった。そこで学習を展開するための教材・資料提供の拠点として学校図書館を充実させることが求められたのである。これまで，教科の学習では多くの教師が教科書を中心教材として学習を展開してきた。道徳の時間においても教科書機能を果たす副読本を利用して学習を展開していることも多い。ところが総合的な学習の時間は，児童生徒の興味・関心や地域の特色，教科横断的・総合的な課題に応じる多様な資料がなくては学習の展開が困難であった。学校図書館が学習センター・情報センターとして，地域の資料や例示された国際理解，情報，環境，福祉・健康などの横断的・総合的な課題に関する資料，児童生徒が興味・関心を抱くであろう主題の資料を収集・提供することが期待されたのである。また，学び方を学ぶことは，学校図書館の利用指導を基礎として，探究的な学習を展開する中で行われる。学校図書館の利用を通じて，児童生徒の情報リテラシーを育てることも求められたのである。
　1998(平成10)年の「学習指導要領」には，総則に「学校図書館を計画的に利用しその機能の活用を図り，<u>児童の主体的，意欲的な学習活動や読書活動を充実すること</u>」(下線は筆者による)とあり，これまで，教材・教具の項目として視聴覚資料と共に扱われていた学校図書館が，単独の項目として示されるようになった。これは「学習指導要領」の中での学校図書館の位置づけが高められたと読み取ることができるだろう。

また，高度情報社会への対応としてコンピュータや情報通信ネットワークの利用が示されたことにも注目する必要がある。「各教科等の指導に当たっては，児童がコンピュータや情報通信ネットワークなどの情報手段に慣れ親しみ，適切に活用する学習活動を充実するとともに，視聴覚教材や教育機器などの教材・教具の適切な活用を図ること」とあり，コンピュータが導入され，インターネットとの接続が整備され，学校の情報化が図られることを展望している。ここでは操作のみにとどまらず，コンピュータや情報通信ネットワークも利用した情報活用能力（＝情報リテラシー）の育成も求めている。気になるのは，コンピュータや視聴覚機器の項目よりも学校図書館があとに示されていることである。

　そして2008（平成20）年の改訂では「確かな学力，豊かな心，健やかな体の調和を重視する「生きる力」をはぐくむことがますます重要になっている」としつつ，OECD（経済協力開発機構）のPISA調査等の結果から，

①思考力・判断力・表現力等を問う読解力や記述式問題，知識・技能を活用する問題に課題
②読解力で成績分布の分散が拡大しており，その背景には家庭での学習時間などの学習意欲，学習習慣・生活習慣に課題
③自分への自信の欠如や自らの将来への不安，体力の低下といった課題

が課題となっていると示し，改訂の基本方針の中で基礎的・基本的な知識・技能の習得の上に，思考力・判断力・表現力等を育成し，学習意欲の向上や学習習慣の確立を目指した。また，知識基盤社会での生きる力を育成するために言語に関する能力が重視されており，「読み・書き・計算などの基礎的・基本的な知識・技能」を繰り返し学習して身につけ，その基盤の上に「思考力・判断力・表現力等をはぐくむために，観察・実験，レポートの作成，論述など知識・技能の活用を図る学習活動を発達の段階に応じて充実させる」ことを求めている[1]。小学校を例にとりながら「これらの学習活動の基盤となる言語に関す

1：平成20年版「小学校学習指導要領解説」の「第1章総説」「第1節改訂の経緯」より。この部分は小中高共通。

る能力の育成のために，小学校低・中学年の国語科において音読・暗唱，漢字の読み書きなど基本的な力を定着させた上で，各教科等において，記録，要約，説明，論述といった学習活動に取り組む必要がある」（下線は筆者による）としている。前述した知識・技能の活用を図る学習活動は国語科のみでなく，他の各教科においても言語に関する能力を育てる取り組み（言語活動の充実）が求められていることに注目しておきたい。

　では，学校図書館の位置づけはどうだろうか。総則の指導計画の作成等にあたって配慮すべき事項に「学校図書館を計画的に利用しその機能の活用を図り，児童の主体的，意欲的な学習活動や読書活動を充実すること」とあり，文言としては1998(平成10)年度版「学習指導要領」と変更はない。しかしながら，先に述べた各教科の学習活動での取り組みが言及されたことから，各教科でも学校図書館について触れるところが増えている。具体的には，小学校では，国語科・社会科・総合的な学習の時間・特別活動において，中学校では国語科・美術科・総合的な学習の時間・特別活動において，高等学校では国語科・音楽科・美術科・総合的な学習の時間においてである。このほかにも中学校の社会科，歴史的分野の目標に「身近な地域の歴史や具体的な事象の学習を通して歴史に関する興味や関心を高め，様々な資料を活用して歴史的事象を多面的・多角的に考察し」（下線は筆者による）とあるように，学校図書館機能を活用することが想定されている記述が散見される。

10.4　新「学習指導要領」と学校図書館

　2020年，小学校から順次適用されてきた「学習指導要領」は，国際化，情報化，高齢化等による急速な社会変化の中で，子どもたちが未来社会を切り拓くための資質・能力を育てようと改訂されたものである。以下，小学校を例にみていく。今次の改訂では，「よりよい学校教育を通じてよりよい社会を創る」という目標を学校と社会が共有し，「社会に開かれた教育課程」の実現を目指すため，「学習指導要領」が「学びの地図」として機能するよう，従来中核であった知識・技能に加え，どのように学ぶか（学び方）やこれらによって何が

できるようになるかを視野に入れて教育することが求められた（図9-1参照）。
　この総則で学校図書館は「第1章　総則」「第3　教育課程の実施と学習評価」「1　主体的・対話的で深い学びの実現に向けた授業改善」の(2)と(7)として以下のように示されている。なお，今次の改訂でのキーワードは「主体的・対話的で深い学び」である。

10.4.1　言語活動の充実と読書活動

> 第2の2の(1)に示す言語能力の育成を図るため，各学校において必要な言語環境を整えるとともに，国語科を要としつつ各教科等の特質に応じて，児童の言語活動を充実すること。あわせて，(7)に示すとおり読書活動を充実すること。

　「学習指導要領」には文部科学省によって解説が出されている。少し長くなるが上記の解説をみていくことにしよう。

> 　本項は，第1章総則第2の2(1)において学習の基盤となる資質・能力として言語能力を育成することを示していることを受けて，教育課程の編成に当たり，各学校において学校生活全体における言語環境を整えるとともに，言語能力を育成する中核的な教科である国語科を要として，各教科等の特質に応じた言語活動を充実すること，あわせて，言語能力を向上させる重要な活動である読書活動を充実させることを示している。
> 　前回の改訂においては，知識及び技能と思考力，判断力，表現力等をバランスよく育むため，基礎的・基本的な知識及び技能の習得とそれらを活用する学習活動やその成果を踏まえた探究活動を充実させることとし，これらの学習が全て言語により行われるものであることから，言語に関する能力の育成を重視して各教科等における言語活動を充実させることとした。
> 　<u>今回の改訂においても，言語は児童の学習活動を支える重要な役割を果たすものであり，言語能力は全ての教科等における資質・能力の育成や学習の基盤となるものであると位置付けている。</u>
> 　その上で，言語能力の育成を図るために，各学校において取組が求められる事項を示している。

具体的には，言語環境を整えることである。児童の言語活動は，児童を取り巻く言語環境によって影響を受けることが大きいので，学校生活全体における言語環境を望ましい状態に整えておくことが大切である。学校生活全体における言語環境の整備としては，例えば，教師との関わりに関係することとして，①教師は正しい言葉で話し，黒板などに正確で丁寧な文字を書くこと，②校内の掲示板やポスター，児童に配布する印刷物において用語や文字を適正に使用すること，③校内放送において，適切な言葉を使って簡潔に分かりやすく話すこと，④より適切な話し言葉や文字が用いられている教材を使用すること，⑤教師と児童，児童相互の話し言葉が適切に用いられているような状況をつくること，⑥児童が集団の中で安心して話ができるような教師と児童，児童相互の好ましい人間関係を築くことなどに留意する必要がある。なお，言語環境をはじめ学校教育活動を通じ，色のみによる識別に頼った表示方法をしないなどの配慮も必要である。また，小学校段階では，教師の話し言葉などが児童の言語活動に与える影響が大きいので，それを適切にするよう留意することが大切である。（下線は筆者による）

　言語は未来を切り拓くために必要な思考力・判断力・表現力等育成の中核となる（言語のみがとはいわないが）。その言語の教育が重要であるということに異論を唱えるものは少ないだろう。前回の改訂で示された点は今回も引き継がれた。しかし，そのために言語環境を整えるべきだとして示された例示はこれでよいのだろうか。確かに①～⑥は不要だとは思わない。この解説であれば，新たに教育予算を組んだり，人の手配をしなくとも，「留意してほしい」で行いうるのだろう。しかし，ここで学校図書館の整備は挙げられていない。子どもたちが触れるべき，選び抜かれた言語環境は学校図書館にこそあると筆者は考える。解説は続く。

　次に，言語能力を育成する中核的な教科である国語科を要として各教科等において言語活動の充実を図ることである。国語科では，「知識及び技能」や「思考力，判断力，表現力等」の資質・能力をどのような言語活動を通して育成するかを言語活動例として示している。また，各教科等においても，

・「社会的事象の特色や意味，社会に見られる課題などについて，多角的に考えたことや選択・判断したことを論理的に説明したり，立場や根拠を明確にして議論したりするなど言語活動に関わる学習を一層重視すること」（社会科）

・「思考力，判断力，表現力等を育成するため，各学年の内容の指導に当たっては，具体物，図，言葉，数，式，表，グラフなどを用いて考えたり，説明したり，互いに自分の考えを表現し伝え合ったり，学び合ったり，高め合ったりするなどの学習活動を積極的に取り入れるようにすること」(算数科)
・「問題を見いだし，予想や仮説，観察，実験などの方法について考えたり説明したりする学習活動，観察，実験の結果を整理し考察する学習活動，科学的な言葉や概念を使用して考えたり説明したりする学習活動などを重視することによって，言語活動が充実するようにすること」(理科)
・「身近な人々，社会及び自然に関する活動の楽しさを味わうとともに，それらを通して気付いたことや楽しかったことについて，言葉，絵，動作，劇化などの多様な方法により表現し，考えられるようにすること」(生活科)
・「音楽によって喚起されたイメージや感情，音楽表現に対する思いや意図，音楽を聴いて感じ取ったことや想像したことなどを伝え合い共感するなど，音や音楽及び言葉によるコミュニケーションを図り，音楽家の特質に応じた言語活動を適切に位置付けられるよう指導を工夫すること」(音楽科)
・「感じたことや思ったこと，考えたことなどを，話したり聞いたり話し合ったりする，言葉で整理するなどの言語活動を充実すること」(図画工作科)
・「衣食住など生活の中の様々な言葉を実感を伴って理解する学習活動や，自分の生活における課題を解決するために言葉や図表などを用いて生活をよりよくする方法を考えたり，説明したりするなどの学習活動の充実を図ること」(家庭科)
・「筋道を立てて練習や作戦について話し合うことや，身近な健康の保持増進について話し合うことなど，コミュニケーション能力や論理的な思考力の育成を促すための言語活動を積極的に行うことに留意すること」(体育科)

などそれぞれの<u>教科の特質に応じた言語活動の充実</u>について記述されている。

　また，外国語活動及び今回の改訂において新たに教科とした外国語科においては，実際に英語を用いた言語活動を通して，「知識及び技能」を身に付けるとともに，それらを活用して「思考力，判断力，表現力等」を育成するための言語活動の例を示すなど，言語活動を通してコミュニケーションを図る素地及び基礎となる資質・能力を育成することを目指すこととしている。

　さらに，道徳科では「児童が多様な感じ方や考え方に接する中で，考えを深め，判断し，表現する力などを育むことができるよう，自分の考えを基に話し合ったり書いたりするなどの言語活動を充実すること」を，<u>総合的な学習の時間では「探究的な学習の過程においては，他者と協働して課題を解決しようとする学習活動や，</u>

言語により分析し，まとめたり表現したりするなどの学習活動が行われるようにすること」を，特別活動では「体験活動を通して気付いたことなどを振り返り，まとめたり，発表し合ったりするなどの事後の活動を充実すること」をそれぞれ重視している。

　このように言語活動は，言語能力を育成するとともに，各教科等の指導を通して育成を目指す資質・能力を身に付けるために充実を図るべき学習活動である。前述（本解説第3章第3節1の(1)）のとおり，主体的・対話的で深い学びの実現に向けた授業改善を進めるに当たっては，単元や題材など内容や時間のまとまりを見通して，各教科等の特質に応じた言語活動をどのような場面で，またどのような工夫を行い取り入れるかを考え，計画的・継続的に改善・充実を図ることが期待される。

　また，読書は，多くの語彙や多様な表現を通して様々な世界に触れ，これを疑似的に体験したり知識を獲得したりして，新たな考え方に出合うことを可能にするものであり，言語能力を向上させる重要な活動の一つである。そのため，本項において，読書活動の充実について規定し，具体的な充実の在り方については，学校図書館等の活用と関連付けて第1章総則第3の1(7)に規定している。

　こうした，読書活動の充実や，前述の児童の言語環境の整備のためにも，学校図書館の充実を図ることが重要である。(下線は筆者による)

　各教科で示された言語活動は，教科の特質に応じて充実することとされており，読書や学校図書館の利用を示唆するものが多く示されているが具体的な言及はない。そして最後に，読書活動の重要性を述べ，読書活動の充実のためには学校図書館の充実を図ることが重要であると結んでいる。

10.4.2　学校図書館の利活用

(7)では学校図書館の利活用について以下のように述べている。

　　学校図書館を計画的に利用しその機能の活用を図り，児童の主体的・対話的で深い学びの実現に向けた授業改善に生かすとともに，児童の自主的，自発的な学習活動や読書活動を充実すること。また，地域の図書館や博物館，美術館，劇場，音楽堂等の施設の活用を積極的に図り，資料を活用した情報の収集や鑑賞等の学習活動を充実すること。

この文章が意味するところは何であろうか。解説編の当該箇所をみてみよう。

> 学校図書館については，学校教育において欠くことのできない基礎的な設備であり，①児童の想像力を培い，学習に対する興味・関心等を呼び起こし，豊かな心や人間性，教養，創造力等を育む自由な読書活動や読書指導の場である「読書センター」としての機能，②児童の自主的・自発的かつ協働的な学習活動を支援したり，授業の内容を豊かにしてその理解を深めたりする「学習センター」としての機能，③児童や教職員の情報ニーズに対応したり，児童の情報の収集・選択・活用能力を育成したりする「情報センター」としての機能を有している。（下線は筆者による）

「学校図書館法」の学校図書館の定義を引きつつ，学校教育に不可欠の基礎的な設備であり，読書センター機能・学習センター機能・情報センター機能を備えなくてはならないことが示されている。2008（平成20）年度版では学習・情報センター機能と読書センター機能の2つが示されていた。示される順序が変わり，機能が三分された。学習センターと情報センターの機能が分けて記述されたのは，授業支援等の機能強化と情報リテラシーの育成（文部科学省では情報活用能力と表現）を強調するためではないかと考えられる。

> また，これからの学校図書館には，読書活動の推進のために利活用されることに加え，調べ学習や新聞を活用した学習など，各教科等の様々な授業で活用されることにより，学校における言語活動や探究活動の場となり，主体的・対話的で深い学びの実現に向けた授業改善に資する役割が一層期待されている。

ここでは，学校図書館がどのような機能をもつのか，またどのような学習場面で活用されているかが示されている。(2)と関連する部分である。学校図書館の活用が今次の改訂のキーワードである「主体的・対話的で深い学び」の実現にむけて有効であるとしているところも見逃せない。

> 学校においては，このような学校図書館に期待されている役割が最大限に発揮できるようにすることが重要であり，学校図書館が児童が落ち着いて読書を行うことができる，安らぎのある環境や知的好奇心を醸成する開かれた学びの場としての環

境として整えられるよう努める____ことが大切である。(下線は筆者による)

　今までみてきたような役割を果たすために，どのような学校図書館整備が必要なのか示したところである。「知的好奇心を醸成する」環境として整備されているかとの問いに十分応えられるだけのコレクション構築を心がけるべきだろう。

　　また，各教科等において，学校図書館の機能を計画的に利活用し，児童の自主的・自発的な学習活動や読書活動を充実するよう努めることが大切である。その際，各教科等を横断的に捉え，学校図書館の利活用を基にした情報活用能力を学校全体として計画的かつ体系的に指導するよう努めることが望まれる。さらに，教育課程との関連を踏まえた学校図書館の利用指導・読書指導・情報活用に関する各種指導計画等に基づき，計画的・継続的に学校図書館の利活用が図られるよう努めること____が大切である。(下線は筆者による)

　ここでは学校図書館整備を前提としつつ，各教科等での学校図書館活用に一歩踏み込んだ提言をしている。教育課程に位置づけた計画的な利活用についてはこれまでも示されてきたが「各教科等を横断的に捉え」との文言がみられることが特徴的である。これまで触れてきたように今次の改訂では汎用的な資質・能力の育成が目指されている。そのために，カリキュラム・マネジメントという手法を位置づけ，これまで厳守されてきた教科等の枠を学校毎に編成される教育課程では柔軟に扱い，汎用的な資質・能力を育てやすい教育課程を編成してよいとしたのであるが，そこに学校図書館の利活用が大きく関わっていることを示している。これはとても重要なところである。

　　こういった学校図書館の利活用を進めるに当たって，学校図書館における図書館資料の充実と，学校図書館の運営等に当たる司書教諭及び学校司書の配置の充実やその資質・能力の向上____の双方を図ることが大切である。図書館資料については，図書資料のほか，雑誌，新聞，視聴覚資料，電子資料（各種記録媒体に記録・保存された資料，ネットワーク情報資源（ネットワークを介して得られる情報コンテンツ）等）等の図書以外の資料が含まれており，これらの資料について，発達障害を

含む障害のある児童の年齢や能力等に配慮することも含め，児童の発達の段階等を踏まえ，教育課程の展開に寄与するとともに，児童の<u>健全な教養の育成に資する資料構成と十分な資料規模</u>を備えるよう努めることが大切である。（下線は筆者による）

このような新しい使命を果たすには，資料の充実と専門職の配置が欠かせない（司書教諭は12学級以上の学校には必置だが，学校司書の配置は努力義務）。専門職が配置されただけでは不十分で，資質・能力の向上に努めなければならないのである。「学校図書館法」の改正を受けて，学校司書が法制化されたことも重要である。ボランティアもありがたいが，継続性と質の恒常的担保に限界がある。また時代の変化に応じて，電子資料やネットワーク情報源が位置づけられたことも見逃せない。紙の図書などの資料の重要性が減じられるわけではないが電子情報についても小学校から目配りしなくてはならない時代だとの認識が示されている。

　　また，司書教諭及び学校司書については，学校図書館がその機能を十分に発揮できるよう，<u>学校図書館の館長としての役割も担う校長のリーダーシップの下</u>，各者がそれぞれの立場で求められている役割を果たした上で，互いに連携・協力し，組織的に取り組むよう努めることが大切である。
　　主体的・対話的で深い学びの実現に向けた授業改善を進めるに当たっては，学校図書館の活用に加えて，資料調査や本物の芸術に触れる鑑賞の活動等を充実させるため，地域の図書館，博物館，美術館，劇場，音楽堂等の施設を積極的に活用することも重要である。（下線は筆者による）

最後に，学校図書館の責任者たる館長は校長であることを強調しておきたい。文部科学省が2016（平成28）年に通知した「学校図書館ガイドライン」で明記されてはいるが，「学習指導要領」の解説にも明記されたことの意味は大きい。校長をトップとして司書教諭・学校司書，校務分掌の学校図書館部等の担当教員等が連携し，学校組織として活用に取り組むことが<u>重要だとされている</u>。また，公共図書館等との連携の重要性も述べている。

このほか,「学習指導要領」の総則では不登校児への配慮の項や学校運営上の留意事項の項,特活における学級活動のキャリア教育の項で学校図書館への言及がある。また国語科,社会科,総合的な学習の時間,特別活動に学校図書館への言及がある（中学校は国語科,社会科,美術科,総合的な学習の時間,特別活動）。

以上,この章では「学習指導要領」の変遷および学校図書館との関係性についてみてきた。「学習指導要領」は学校の教育課程編成の基準である。その中でこれほどに学校図書館は言及され,期待されている。ただ学校現場で応分の関心と注意が払われているとはいえない実態もある。地域による差も大きい。「学習指導要領」の趣旨に,地域による教育差を大きくしないということがあるにもかかわらずである。学校図書館を担当する者は,「学習指導要領」の趣旨をふまえ,学校図書館の整備と利活用について全教職員に働きかけたい。とりわけ,館長である校長が学校経営のなかに学校図書館をしっかりと位置づけ,学校組織を挙げた利活用となるようにすることが大切である。それが子どもたちの大きな利益となるからである。

■Ⅲ部の参考文献
前田稔・野口武悟『改訂新版　学校経営と学校図書館』放送大学教育振興会,2017.
文部科学省『小学校学習指導要領解説　総則編』東洋館,2018.
文部科学省『中学校学習指導要領解説　総則編』東山書房,2018.
文部科学省「高等学校学習指導要領」http://www.mext.go.jp/component/a_menu/education/micro_detail/__icsFiles/afieldfile/2018/07/11/1384661_6_1_2.pdf（参照2018-12-18）.
文部科学省『特別支援学校教育要領・学習指導要領解説　総則編』開隆堂,2018.

コラム3：授業とかかわっていくために

　一口に学校図書館といっても，小・中・高校と校種が違うと校内での学校図書館のあり方や役割が違ってきます。小学校では，図書の時間に担任の先生が図書館に子どもたちを連れてきて，学校司書による読み聞かせや調べ学習で連携することも多いでしょう。が，高校図書館で学校司書が授業とかかわっていくためには，学校司書から教師への積極的なアプローチをしていくことがまだまだ必要です。

　先生方に気軽に図書館を利用してもらうためのきっかけとして有効なのが，新転任の先生方への図書館オリエンテーションです。オリエンテーションでは，公共図書館と同じようにレファレンスサービスや検索サービスを紹介し，「個人の読書も応援します」とお伝えします。NDC（日本十進分類法）にあわせて何冊かブックトークをし，そのあと書架を見ていただく時間をつくり，本を借りたい方には手続きをします。リクエストの紹介をすると，その場でリクエストされる先生もいて，それが連携の第一歩となります。リクエストされた本が入ったら，すぐに登録して先生に本を直接お届けします。その時に「授業でもぜひ，ご活用ください」と売り込みをします。本のことなら図書館へと思っていただけると，授業で図書館を利用してもらうためのハードルも下がるのです。やりとりする中で図書館に来館される回数も自然に増え，雑談から教材研究の資料提供につながることもあります。一度，図書館をご利用いただくと，資料探しを司書に頼もうと思ってもらえます。本は書店で探すという先生も多いですが，図書館にある新刊でない本を見て授業が膨らむこともあります。学校図書館は，そんな本との出会いの場でありたいと思っています。

　図書館資料を使って調べ学習をする連携は，評価や授業時間の関係もあって難しいと考える先生もいます。そういう先生には，関連図書のブックリストを提供したり，教室に出向いてブックトークができますよとお伝えします。授業とかかわるために，その授業の目的にあわせて資料をそろえたり，司書の技術を提供したりすることが大切だと思っているからです。

　たとえば学校図書館では，先生から「○○について調べさせたいので，関連の本を購入してほしい」と言われるケースが多いのですが，その場合も単に本を集めて提供するだけでなく，司書が先生に授業の目的や生徒の理解度を聞き，本の内容を吟味しながら目的にあった本を購入します。先生は授業のプロ，学校司書は資料のプロとして，打ち合わせをしていくことが大切です。また，授業で資料提供をしていくためには，相互貸借を活用しています。埼玉県の高校図書館は，埼玉県高等学校図書館研究会で，相互貸借に関する協定を結び，学校間で本の貸借ができるよう

授業利用の様子　　　　　　　　　　新刊コーナー

になっています。どの学校にどんな本があるかは，全県でISBN総合目録をつくっていて，それで検索できます。また，地域の公共図書館や県立図書館も利用することができます。私が勤務している地域には巡回車などの物流システムはありませんが，司書が定期的に車を回して相互貸借を行っている地域もあります。また，埼玉県では県内を16の地区にわけてネットワーク活動を行い，学期に1回情報交換や研修を行っています。他校の授業との連携の様子を聞いたり，他校の司書から資料を教わったりすることで，自校の授業が広がっていきます。これも埼玉県の司書が，専任・専門で1校1名配置がされているからできていることだと思います。

　授業によっては，学校司書が百科事典の使い方や，資料の検索方法を説明することもあります。新聞の読み方，レポートの書き方などについても，先生といっしょにレクチャーしていきます。調べ学習を始める前に，調べ方やまとめ方を教えていくことも重要な仕事で，生徒が必要な資料を短時間で探せる工夫もしています。

　探求学習や課題解決学習の充実が期待される中，学校図書館が中心となってその役割を担っていかなくてはいけません。そのためには，専任で専門性をもった学校司書が各学校にいることが必要です。図書館を利用したことがない先生に，学校図書館が役立つことを体感していただくために，まず，先生方への手厚いサービスが大切だと考えて，日々，カウンターに立っています。

IV部　学校教育の仕組み，現状と課題

11章 教育法令・制度・行政と学校

11.1 教育に関する法令と制度

11.1.1 教育に関する法令

　日本の教育に関する法令としては，まず，国の最高法規である「日本国憲法」のもとにつくられた「教育基本法」（1947年3月制定）がある。教育に関する基本原則を定めており，"教育の憲法"とも呼ばれている。

　「教育基本法」は，2006（平成18）年12月に大きく改正され，現在は前文と18条の本則，そして附則から構成されている。

　前文では，「我々日本国民は，たゆまぬ努力によって築いてきた民主的で文化的な国家を更に発展させるとともに，世界の平和と人類の福祉の向上に貢献することを願うものである。我々は，この理想を実現するため，個人の尊厳を重んじ，真理と正義を希求し，公共の精神を尊び，豊かな人間性と創造性を備えた人間の育成を期するとともに，伝統を継承し，新しい文化の創造を目指す教育を推進する」とうたっている。

　本則は，4章で構成されている。「第一章　教育の目的及び理念」（第1条〜第4条）では，「教育の目的」と「教育の目標」（本書5章参照）に加え，「生涯学習の理念」「教育の機会均等」が定められている。このうち，「教育の機会均等」については，「すべて国民は，ひとしく，その能力に応じた教育を受ける機会を与えられなければならず，人種，信条，性別，社会的身分，経済的地

位又は門地によって，教育上差別されない」(第4条第1項)としている。「第二章　教育の実施に関する基本」(第5条〜第15条)では，「義務教育」「学校教育」「大学」「教員」「家庭教育」「幼児期の教育」「社会教育」「学校，家庭及び地域住民等の相互の連携協力」「政治教育」「宗教教育」が定められている。このうち，「学校，家庭及び地域住民等の相互の連携協力」については，「学校，家庭及び地域住民その他関係者は，教育におけるそれぞれの役割と責任を自覚するとともに，相互の連携及び協力に努めるものとする」(第13条)としている。「第三章　教育行政」(第16条，第17条)では，「教育行政」と「教育振興基本計画」が定められている。このうち，「教育振興基本計画」については，「政府は，教育の振興に関する施策の総合的かつ計画的な推進を図るため，教育の振興に関する施策についての基本的な方針及び講ずべき施策その他必要な事項について，基本的な計画を定め，これを国会に報告するとともに，公表しなければならない」(第17条第1項)としている。現行の「教育振興基本計画」(第三期)は2018(平成30)年に策定されている。「第四章　法令の制定」(第18条)では，「教育基本法」の定める各条項を実施するために必要な法令を制定すべきことが定められている。

　この「教育基本法」のもとに，「学校教育法」(1947年3月制定)と「社会教育法」(1949年6月制定)が定められている。

　「学校教育法」では，学校教育に関する基本事項を定めている。この法律のもとに，学校教育に関する各法令が制定されており，「学校図書館法」もここに位置づけることができる。また，「学校教育法」および「学校教育法施行規則」(1947年5月制定)の規定に従い，文部科学大臣は幼稚園，小学校，中学校，義務教育学校（前期課程，後期課程），高等学校，中等教育学校（前期課程，後期課程），特別支援学校（幼稚部，小学部，中学部，高等部）の教育課程の基準として「学習指導要領」を公示することが定められている。さらに，前述の各学校の教員に必要となる免許状について規定した法律に「教育職員免許法」(1949年5月制定)がある。なお，不登校の子どもの教育機会の確保，支援の推進などに向けて，夜間中学などの充実について規定する「義務教育の段階における普通教育に相当する教育の機会の確保等に関する法律」も2016

(平成28)年12月に制定されている。

「社会教育法」は,「社会教育に関する国及び地方公共団体の任務を明らかにすることを目的」(第1条)としている。ここでいう社会教育とは,「学校の教育課程として行われる教育活動を除き,主として青少年及び成人に対して行われる組織的な教育活動(体育及びレクリエーションの活動を含む。)をいう」(第2条)。この法律のもとに,「図書館法」(1950年4月制定),「博物館法」(1951年12月)などの社会教育に関する各法令が制定されている。

これら学校教育と社会教育の行政に関しては,「地方教育行政の組織及び運営に関する法律」(1956年6月制定)に基づいている(詳しくは,本章11.2参照)。

このほか,学校教育と社会教育,さらには家庭教育にも関わる法令として,「生涯学習の振興のための施策の推進体制等の整備に関する法律」(生涯学習振興法)(1990年6月制定)や「子どもの読書活動の推進に関する法律」(2001年12月制定),「文字・活字文化振興法」(2005年7月制定)などがある。「子どもの読書活動の推進に関する法律」では,第8条第1項において「政府は,子どもの読書活動の推進に関する施策の総合的かつ計画的な推進を図るため,子どもの読書活動の推進に関する基本的な計画(以下「子ども読書活動推進基本計画」という。)を策定しなければならない」と定めており,2018(平成30)年4月に現行の「子供の読書活動の推進に関する基本的な計画」(第四次)が策定されている。

11.1.2 教育に関する制度

学校教育については,「教育基本法」「学校教育法」その他の法令の定めにより制度化されている。「学校教育法」第1条では,幼稚園,小学校,中学校,義務教育学校,高等学校,中等教育学校,特別支援学校,大学及び高等専門学校を学校と定めている。大学には短期大学を含んでいる。また,同法第124条で専修学校についても規定している。このうち,小学校,中学校,義務教育学校,中等教育学校(前期課程),特別支援学校(小学部,中学部)が義務教育である。しばしば"6-3-3-4制"ともいわれるように,日本では学校の段階性を

重視する単線型学校制度を採用している。中学校，高等学校，大学，専修学校では，さまざまな学習ニーズに対応するために，夜間開講や通信制など，多様な形態の導入が可能となっている。学校教育に関する職員としては，教員（教育職員）のほかに，事務職員，実習助手，学校司書，学校栄養職員などが制度化されている（これらを総称して教職員という。詳しくは本章11.3を参照）。

社会教育については，「教育基本法」「社会教育法」その他の法令の定めにより，公民館，図書館，博物館などの社会教育施設や，その職員（社会教育主事，公民館主事，司書及び司書補，学芸員），社会教育委員などが制度化されている。

なお，家庭教育については，「教育基本法」において「父母その他の保護者は，子の教育について第一義的責任を有するものであって，生活のために必要な習慣を身に付けさせるとともに，自立心を育成し，心身の調和のとれた発達を図るよう努めるものとする」（第10条第1項）と定められている。しかし，家庭教育の自主性を尊重する観点から，「家庭教育法」のような法令は定められておらず，法令に基づく制度も存在しない。

11.2　教育に関する行政

日本の行政は，前節11.1.1で述べた各種の法令に基づいて執行される（法治主義）。教育に関する行政（以下，教育行政）も，同様である。教育行政について，「教育基本法」では，「教育は，不当な支配に服することなく，この法律及び他の法律の定めるところにより行われるべきものであり，教育行政は，国と地方公共団体との適切な役割分担及び相互の協力の下，公正かつ適正に行われなければならない」（第16条第1項）としている。

教育行政を担う行政機関として，国には，文部科学省が設置されている。1871（明治4）年に設置された文部省を前身とし，2001（平成13）年に科学技術庁（1956年設置）と統合して文部科学省となった。文部科学省は，「教育の振興及び生涯学習の推進を中核とした豊かな人間性を備えた創造的な人材の育成，学術，スポーツ及び文化の振興並びに科学技術の総合的な振興を図るとともに，宗教に関する行政事務を適切に行うことを任務」（「文部科学省設置法」第3

条）としている。文部科学省の長は文部科学大臣で，そのもとに，副大臣（2人），大臣政務官（2人），秘書官，事務次官が置かれている。組織は，内局と外局に分けられ，内局には大臣官房，総合教育政策局（2018年度に生涯学習政策局から改編），初等中等教育局，高等教育局，科学技術・学術政策局，研究振興局，研究開発局，国際統括官が置かれ，外局には文化庁とスポーツ庁が置かれている。職員定員は2,116人である（2017年度）。なかでも学校教育に深く関わるのは，総合教育政策局，初等中等教育局，高等教育局の3局である。

　文部科学省には，他の省庁と同様，多くの審議会や協力者会議などが設けられている。審議会とは，「重要事項に関する調査審議，不服審査その他学識経験を有する者等の合議により処理することが適当な事務をつかさどらせるための合議制の機関」（「国家行政組織法」第8条）である。代表的なものとして，中央教育審議会がある。同審議会の主な所掌事務は，「文部科学大臣の諮問に応じて教育の振興及び生涯学習の推進を中核とした豊かな人間性を備えた創造的な人材の育成に関する重要事項を調査審議し，文部科学大臣に意見を述べること」や「文部科学大臣の諮問に応じて生涯学習に係る機会の整備に関する重要事項を調査審議し，文部科学大臣に意見を述べること」[1]などである。委員は30人以内で任命され，任期は2年である（再任可）。教育制度分科会，生涯学習分科会，初等中等教育分科会，大学分科会の4つの分科会から構成されている。

　一方，地方には，都道府県と市町村（東京23区を含む）に教育委員会が設置されている。教育委員会は，該当する都道府県内または市町村内の主に学校教育（ただし，幼児教育，初等教育，中等教育，特別支援学校を担う公立学校のみ）と社会教育（公立の公民館，図書館，博物館など）の行政を所管している。なお，私立学校（大学，短期大学を除く）については教育委員会ではなく都道府県知事が所管し，公立大学（短期大学を含む）も同様である。また，私立大学（短期大学を含む），国立大学法人の設置する大学（附属の諸学校を含む），独立行政法人国立高等専門学校機構の設置する高等専門学校は，文部科学省が直接所管している。

1：文部科学省「中央教育審議会について」http://www.mext.go.jp/b_menu/shingi/chukyo/chukyo0/gaiyou/010201.htm，（参照2018-07-24）

教育委員会（図11-1）は、「地方教育行政の組織及び運営に関する法律」にもとづき、教育委員によって構成される。教育委員は、都道府県教育委員会の場合は知事が、市町村教育委員会の場合は市町村長が、それぞれの議会の同意を得て任命している。教育委員の人数は原則4人であり、任期は4年である（再任可）。教育委員会のもと教育行政の実務を担う教育委員会事務局が置かれている（ここに学校教育課、社会教育課などが置かれている）。教育委員会事務局のトップである教育長と教育委員会の委員長はもともとは別の人でなければならなかったが、2014（平成26）年に「地方教育行政の組織及び運営に関する法律」が改正され、教育長が教育委員長を兼ねることとなった。また、同じく2014年の同法改正によって、新たに、都道府県には知事と教育委員会、市町村には市町村長と教育委員会によって構成する「総合教育会議」を設けることとなった。この会議は、首長（知事、市町村長）が主宰し、該当する都道府県、市町村内の教育行政の指針である「教育、学術及び文化の振興に関する総合的

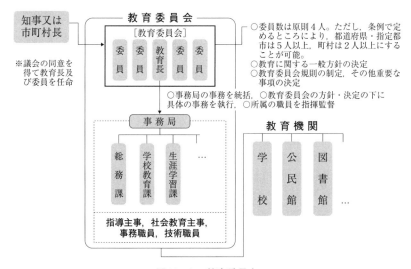

図11-1　教育委員会
出典：文部科学省「平成26年度文部科学白書」第4章，図表2-4-32[2]

2：文部科学省「平成26年度文部科学白書」http://www.mext.go.jp/b_menu/hakusho/html/hpab201501/detail/1361563.htm，（参照2018-07-24）

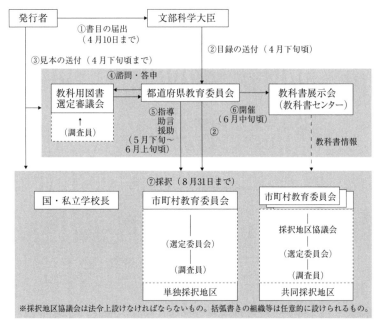

図11−2 教科書採択のしくみ
出典：文部科学省「教科書 Q&A」Q6 学校で使用する教科書は，どのように決められていますか？の図[3]

な施策の大綱」の策定についての協議などを行う。

　教育委員会が担う学校教育行政の一つに公立学校で使用する教科書（検定済み教科用図書）の採択がある（国立大学附属と私立については各校の校長に採択の権限がある）。その仕組みを図11−2に示す。義務教育段階の各公立学校の教科書については，「義務教育諸学校の教科用図書の無償措置に関する法律」にもとづき，都道府県教育委員会が行う指導，助言，援助により，市町村教育委員会が採択することになっている。

　2004(平成16)年の「地方教育行政の組織及び運営に関する法律」の改正によ

3：文部科学省「教科書 Q&A」http://www.mext.go.jp/a_menu/shotou/kyoukasho/010301.htm,（参照2018-07-24）

図11-3　コミュニティ・スクール
出典：文部科学省「平成26年度文部科学白書」第4章，図表2-4-33[4]

り，教育委員会の定める公立学校に「学校運営協議会」を置くことができることとなった（第47条の6）。学校運営協議会は，地域住民や保護者などから構成され，その学校の運営，そのための必要な支援などについて協議する機関である。校長は，「当該対象学校の運営に関して，教育課程の編成その他教育委員会規則で定める事項について基本的な方針を作成し，当該対象学校の学校運営協議会の承認を得なければならない」（第47条の6第4項）。また，学校運営協議会は，校長や教育委員会に対して，その学校の運営や教職員の任用についての意見を述べることができる。この学校運営協議会を設置する学校を「コミュニティ・スクール」という（図11-3）。「学校が地域住民等が力を合わせて学校の運営に取り組むことが可能となる「地域とともにある学校」への転換を図るための有効な仕組み」[5]である。コミュニティ・スクール導入校は増加傾向にあり，2017(平成29)年4月の時点で幼稚園から高等学校まで全国3,600校で導入されている。

4：前掲2
5：文部科学省「コミュニティ・スクール2017：地域とともにある学校づくりを目指して」2017，p.1.

11.3 学校教職員の資格と養成

11.3.1 「チームとしての学校」の視点

　学校や学校教育というと，その担い手としてまず想起されるのは，教員であろう。しかし，学校は教員だけで成り立っているわけではない。教員以外のさまざまな職員も，学校を支え，子どもを育むために不可欠な存在である。現在，文部科学省は，複雑化・多様化した学校の諸課題を解決し，子どもに必要な資質・能力を育む教育活動の一層の充実のため，また，教員への過重な負担を軽減する「働き方改革」のため，校長のリーダーシップのもとに教員と教員以外のさまざまな職員が連携・分担して学校機能の強化を図る「チームとしての学校」の実現を目指している。

　では，学校には，どのような教職員がいるのだろうか。また，どのような資格を必要としているのだろうか。教員と教員以外の職員に分けて，各々の資格と養成のしくみを概観したい。

11.3.2 教員の資格と養成

　幼児教育から中等教育段階の学校にあって，教員となるためには，原則として該当する校種の教育職員免許状（教員免許）の保有が必須である。養護教諭，栄養教諭の教育職員免許状については校種の限定はない（「教育職員免許法」）。教育職員免許状を取得するためには，大学や短期大学において教職課程を履修する必要がある（一部例外あり）。教育職員免許状は，一種と二種，専修に3区分されている。大学において教職課程を履修し，学士の学位を有する者（大学を卒業した者）は，一種免許状が取得できる。同じく，短期大学で教職課程を履修して卒業した者は二種免許状，大学院で教職課程を履修して修了した者は専修免許状の取得が可能である。なお，「教育職員免許法」の一部改正に伴い，2009（平成21）年から教育職員免許状には更新制が導入され，教育職員免許状の取得から10年ごとの更新講習の受講が必要となった（一部例外あり）。

司書教諭の資格については，幼稚園教諭，養護教諭，栄養教諭以外の教育職員免許状を保有する者が，文部科学省令である「学校図書館司書教諭講習規程」に定める所定の科目・単位を大学，短期大学において修得することで取得できる。

　「学校教育法」などの規定により，幼児教育から中等教育段階の学校における教員の職制としては，主幹教諭，指導教諭，教諭，養護教諭，栄養教諭，司書教諭，助教諭，講師などがある。このほか，養護や栄養をつかさどる主幹教諭や指導教諭，養護助教諭も置くことができる。このうち，主幹教諭は校長，副校長，教頭を助け，命令を受けて校務の一部を整理し，子どもの教育をつかさどる職であり，指導教諭は子どもの教育をつかさどるとともに，教諭その他の職員に対して教育指導の改善・充実のために必要な指導と助言を行う職である（ともに「学校教育法」第37条）。司書教諭については，「学校図書館法」第5条によって12学級以上の規模を有する学校においては必置であるが，教職員定数として措置されていないため，教育委員会判断で独自に加配している公立学校と，一部の私立学校を除くと，主幹教諭，指導教諭，教諭が兼務するケースが大半である。

　なお，当然ながら校長は必置である。教頭も原則として必要であるが，副校長を置く場合には教頭を置かないことができる。校長，副校長，教頭も教員が就くことが多いが，教育職員免許状を保有していなくても教育に関する職（教員以外の学校職員や民間人など）に10年以上あった者が就くことも可能である。

　上記以外の高等専門学校，短期大学，大学にあっては，教育職員免許状の定めはない。代わりに，博士の学位（博士号）を有する者を採用するケースが多い。これらの学校の教員の職制としては，教授，准教授，助教，助手となっており，学部長や講師を置くことも可能である。また，学長は必置であり，副学長も置くことができるが，いずれも学内の教員以外からも選任することができる。

11.3.3　教員以外の職員の資格と養成

　教員以外の学校職員は，事務職員，技術職員，実習助手，学校司書など多様

である。学校の種類や規模によって配置状況には違いがある。幼稚園を除く学校では事務職員は必置である。なお，教員以外の職員のうち，資格と養成についての法令上の定めがあるものは一部に限られている。

　ここでは，主な学校職員の概要を職種ごとに説明する。その際，資格や養成についての法令上の定めがあるものについてはその点にも言及したい。

　事務職員……学校事務の適正な処理をつかさどる職員であり，学校事務職員ともいう。

　技術職員……後期中等教育や高等教育の学校における技術に関わる業務に従事する職員である。国立学校では，以前は，技官と呼ばれた。技術系の資格の保有者を採用するケースが多い。

　実習助手……主に高等学校に置かれ，実験や実習を伴う教科について教諭の職務を助ける職員である。採用後に教育職員免許状を取得し，教諭となる者もいる。

　学校司書……初等教育，中等教育の学校において，「学校図書館の運営の改善及び向上を図り，児童又は生徒及び教員による学校図書館の利用の一層の促進に資するため，専ら学校図書館の職務に従事する職員」(「学校図書館法」第6条第1項) である。2016(平成28)年に文部科学省は「学校司書のモデルカリキュラム」を通知し，以降，大学，短期大学において学校司書の養成が開始された。

　ICT支援員……学校において子どもや教員のICT (情報通信技術) 活用を支援する職員である。ICTについての高度な専門性が必要である。

　外国語指導助手……ALTとも呼ばれ，初等教育，中等教育の学校における英語の指導に際して教諭の職務を助ける職員である。「語学指導等を行う外国青年招致事業」(JETプログラム) によって招致された英語圏の大学を卒業した者 (ネイティブスピーカー) が就いている。

　特別支援教育支援員……幼児教育，初等教育，中等教育の学校において，障害のある子どもに対して食事や排せつなどの日常生活動作 (ADL) の介助を行ったり，学習面の支援を行う職員である。障害のある子どもについての理解が不可欠である。

学校栄養職員……主に学校給食の栄養に関する専門的事項をつかさどる職員である（「学校給食法」）。採用にあたって，栄養士免許の保有を求めるケースが多い。

調理員……学校給食を自校方式（学校内にある給食調理施設）で調理している場合に，給食の調理に従事する職員である。

寄宿舎指導員……寄宿舎を設ける学校（主に特別支援学校）において，子どもの日常生活の指導をつかさどる職員である。かつては寮母と呼ばれた。学校教育や生活指導の基礎的理解が欠かせない。

学校医……子どもの健康診断などに従事している。教育委員会が地元の開業医に委嘱しており，学校に出校するのは健康診断の際などに限られている。医師免許が必須である。

スクールカウンセラー……子どもの心理的側面の支援に関わる職員である。臨床心理士や学校心理士などの心理系の資格を保有する者が採用されるケースが多い。

スクールソーシャルワーカー……子どもの福祉的側面の支援に関わる職員である。社会福祉士や精神保健福祉士などの福祉系の資格を保有する者が採用されるケースが多い。

看護師……主に特別支援学校に配置される職員である。子どもの痰の吸引や経管栄養などの医療的ケアを担っており，看護師免許が必須である。

介護職員……同じく，主に特別支援学校に配置される職員である。子どもの日常生活動作（ADL）の介助を担っている。介護福祉士などの資格を持つ者が多い。

用務員……学校の環境整備などに従事する職員であり，学校用務員とも呼ばれる。

警備員……学校の安全警備を担う職員であり，学校警備員ともいう。

部活動指導員……校長の監督のもと，部活動の技術指導や大会の引率，部活動の管理運営などに従事する。「学校教育施行規則」の改正を受けて2017（平成29）年4月に制度化された。現在，資格の創設を検討しようという動きもある。

このほかにも，学校の実情などに応じて必要な職員を配置している場合があ

る。

11.4　学校建築と施設

　これまでの学校建築というと，画一的で，どこの学校に行ってもほとんど同じような造りであった。なかでも，学校図書館を含む特別教室は，校舎内の周辺部（隅のほう）に集中的に配置される傾向があり，利用上のネックにもなっていた。

　これからの学校建築や施設づくりにあっては，こうした画一化から脱して，多様な学習ニーズに柔軟に対応できる施設とすることや，公民館や図書館などの公共施設との複合化による学習環境の高機能化・多機能化[6]などが目指されている。

　文部科学省では，「学校施設を新築，増築，改築する場合に限らず，既存施設を改修する場合も含め，学校施設を計画及び設計する際の留意事項を示」すために，校種ごとに「学校施設整備指針」（2016年改訂）を策定している。例えば，「小学校施設整備指針」では，学校図書館に関連して，「視聴覚室，コンピュータ室，図書室等，問題解決的な学習等における児童の主体的・積極的な利用を促す諸室については，普通教室，多目的教室等と機能的な連携に配慮して配置を計画することが望ましい」「(図書室は) 利用する集団の規模等に対して十分な広さの空間を確保するとともに，各教科における学習活動等において効果的に活用することができるよう普通教室等からの利用のしやすさを考慮しつつ，児童の活動範囲の中心的な位置に計画することが重要である」「(図書室は) 図書，コンピュータ，視聴覚教育メディアその他学習に必要な教材等を配備した学習・メディアセンターとして計画することも有効である」などとしている。

6：学校施設の在り方に関する調査研究協力者会議「学習環境の向上に資する学校施設の複合化の在り方について：学びの場を拠点とした地域の振興と再生を目指して」文部科学省，2015.

12章
教職員の服務と校務分掌

12.1 学校組織と教職員の職責

12.1.1 学校組織と教職員

　学校の組織はこれまで管理機能からみて，監督層の管理範囲が広く鍋蓋型組織といわれてきた（図12-1）。ピラミッド型の一般の行政組織と比べ，監督層の管理範囲を適正にする必要があるともいわれる。近年の組織改革により，東京都では，統括校長・校長-副校長-主幹教諭-主任教諭-教諭という組織系統に改めた（図12-2）。

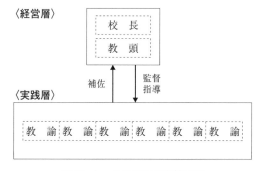

図12-1　これまでの学校組織

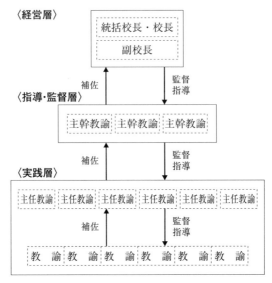

図12-2　東京都の学校における教員組織

12.1.2　校長・教頭（副校長）

「学校教育法」では，「学校には，校長及び相当数の教員を置かなければならない」（第7条）とされており，校長は必置の職である。また同法で「校長は，校務をつかさどり，所属職員を監督する」（第37条第4項）とされている。「校務」とは学校の行うべき仕事全体を指し，「つかさどる」とはある事柄を自己の担当職務として処理することを意味する。学校の管理運営に関する規則等で，校長のつかさどる校務は所属職員に分掌させることができるとしている（校務分掌）。校長のつかさどる校務は主として次のようである。

　①教職員の人事管理に関する事項（教職員の進退に関する意見の申し出，研修の承認等）

　②施設・設備等の管理に関する事項（学校施設の目的外使用の同意，防火管理者の選任と消防計画の作成実施等）

　③児童生徒に関する事項（指導要録の作成及びその写しの転学先・進学先へ

の送付，出席簿の作成，児童生徒の懲戒，全課程修了の認定と卒業証書の授与，就学猶予・免除者の相当学年への編入等）
④学校教育の管理に関する事項（授業終始時刻の決定，非常災害時の臨時休業の決定と教育委員会への報告等）
⑤その他学校の運営に関する事項（職員会議の主宰，学校評議委員の推薦，感染症による出席停止等）

　また，校長には所属職員の監督という職務がある。監督には，職務上の監督と身分上の監督がある。職務上の監督とは，勤務時間中の教職員の職務遂行にあたっての行動に関するもので，校長は教育委員会と共に，教職員の職種に応じて職務遂行を監督する。監督する事柄で最も大きなものは「地方公務員法」第35条にある職務に専念する義務に関するもので，「職員は，法律又は条例に特別の定がある場合を除く外，その勤務時間及び職務上の注意力のすべてをその職責遂行のために用い，当該地方公共団体がなすべき責を有する職務にのみ従事しなければならない」とあり，それを監督する。また，身分上の監督とは，勤務時間の内外を問わず，公務員としての身分にともなうものである。公立学校の教職員には，信用失墜行為の禁止（同法第33条），秘密を守る義務（同法第34条），政治的行為の禁止（同法第36条），争議行為等の禁止（同法第37条），営利企業への従事等の制限（同法第38条）が規定されており，それらを監督する。

　東京都では，独自に統括校長を置いている。統括校長は，通常の学校よりも困難な職責を担う都立学校に配置される。市町村立学校でも東京都の規定に準じて配置されている。

　教頭は「教頭は，校長（副校長を置く小学校にあつては，校長及び副校長）を助け，校務を整理し，及び必要に応じ児童の教育をつかさどる」（「学校教育法」第37条第7項）とあり，校長を除くすべての教職員の職務上の上司と位置づけられる。校長の補佐役ともいえる。校務の整理とは，校長が校務を処理するために必要な調整を行うことであり，校務分掌や校内人事の整理・調整，職員との意思疎通を図るための連絡事務，各種企画立案の準備等がある。校長の不在等で職務を遂行できない場合は教頭が代理・代行をする。また，教頭は教

諭の休暇や研修等による授業の穴を埋めるため，必要に応じて授業を行う。さらに，教頭は校長の補佐権限により，所属職員の監督権限をもつとされている。

　副校長は校長と教頭の間に位置する職で，教頭は原則必置の職であるが，副校長を置く場合は教頭を置かないことができる。「副校長は，校長を助け，命を受けて校務をつかさどる」(同法第37条第5項)とあり，校長の命を受けたうえで校務をつかさどるとあるので，教頭よりも大幅に拡充された経営の権限をもつが，児童生徒の教育は行わない。

12.1.3　教諭（主幹教諭・指導教諭等）

　主幹教諭は，指導・監督を行う職で，校長及び副校長，教頭を助け，命を受けて校務の一部を整理し，児童生徒の教育をつかさどる。つまり，校務の一部を整理し，授業を行う存在である。「学校教育法」では主幹教諭であるが，神奈川県の総括教諭，大阪府の首席教諭なども同様の職である。

　東京都では主任教諭という職を独自に設けている。主任教諭は，主幹教諭を補佐し，教諭その他の職員に対して教育の改善・充実のために必要な指導・助言を行い，児童生徒の教育を行う。「主任」という言葉から混同しやすいのは，校務分掌の主任と主事であるが，それらとは別である。

　指導教諭は，児童生徒の教育にあたる教諭で，教諭やその他の職員に対して教育指導の改善及び充実のために必要な指導及び助言を行うとされている。東京都では，高い専門性と優れた教科指導力をもつ教員で，模範授業などを通じて教科等の指導技術を自校・他校の教員に普及させる職務を担う教員であるとされている。

12.1.4　事務職員

　「小学校には，校長，教頭，教諭，養護教諭及び事務職員を置かなければならない」(「学校教育法」第37条第1項)とされており（中高等ではこれを準用），「事務職員は，事務をつかさどる」(同条第14項)と定めている。学校司書は，2015(平成27)年4月から施行された改正「学校図書館法」の第6条に位置づけられるまで，学校図書館担当職員などと表記され，事務職員に分類され

ることが多かった。例えば，東京都の都立学校に勤務する学校司書は事務室の所属となる。ただし，東京都では2006(平成18)年から事務室を校長の学校経営を支援する経営企画室に改称したので，以降は，その所属となっている。東京都立学校の経営企画室に関する規定には「室の事務は，おおむね次のとおりとする。一　学校経営計画，企画調整会議その他学校経営に関すること。(中略)十八　図書館の整備に関すること。(後略)」となっている(「東京都立学校の経営企画室に関する規程」(第4条)(2018年一部改正))。学校図書館の整備に関する事務は経営企画室の所管するところなのである。

事務職員の採用は人事委員会等による競争試験で行われる(「地方公務員法」第17条)。任命権と身分上の取り扱いは，東京都の場合は東京都教育委員会に属する。市町村の場合は，勤務する学校を設置している市町村教育委員会にあり，勤務にあたっては当該市町村の条例等に従い，なおかつ市町村教育委員会その他職務上の上司の職務命令に従わなければならないとされている。

12.2　教職員の服務と研修

ここでは東京都を事例に公立学校の教職員の服務と研修について述べていくが，私立学校においても，公立学校に準ずる組織・運営がされていることが多い。服務とは業務に従事することである。公立学校の教職員は公務員であるので，民間よりも厳しい基準が課せられている。私立学校の教職員は，公務員ではないが学校という機関の公共性から，これに準ずる就業規則を定めているところが多い。

12.2.1　服務の根本

「日本国憲法」には「すべての公務員は，全体の奉仕者であつて，一部の奉仕者ではない」(第15条第2項)とあり，服務の根本基準とされている。公務員となるときは憲法その他の法令を遵守することを宣誓する。

また，「すべて職員は，全体の奉仕者として公共の利益のために勤務し，且つ，職務の遂行に当つては，全力を挙げてこれに専念しなければならない」

(「地方公務員法」第30条）と示されている。

12.2.2　服務上の義務

教職員の服務上の義務には大きく分けて，職務上の義務と身分上の義務とがある（前節12.1.2も参照）。

職務上の義務には，
①法令及び上司の命令に従う義務
②職務専念義務
がある。

教職員は職務を遂行するに当たって，法令，条例，地方公共団体の定める規定に従い，また職務上の上司の命令に従わなければならない。職務上の直接の上司は教職員においては教頭となるが（事務長が置かれている学校では職員は事務長となる），職務の指揮監督関係にある校長や教育委員会教育長も職務上の上司となる。

身分上の義務は勤務時間内だけでなく，勤務時間外でも，全体の奉仕者として次の身分上の義務が課せられている。

①信用失墜行為の禁止
②守秘義務
③政治的行為の制限
④争議行為等の禁止
⑤営利企業等への従事等の制限

信用失墜行為の禁止に関して，直接は職務に関係のない行為であっても職員がその職の信用を傷つけたり，職員全体の不名誉となる行為は信用失墜行為となる。

守秘義務とは，職務上知り得た秘密を漏らすことを禁止したものである。秘密とはプライバシーに関すること，行政目的の妨げとなること等で，事後に公開予定となっていることであっても事前には非公開とすべきことなどを含む。秘密は，口頭・文書等の如何を問わず，また黙認などの不作為で事実を漏らすことも禁止されている。職にある間はもちろんのこと，職を退いたあとも同様

である。

　教職員は，政治的中立の立場から公務を執行するため，政治的行為は制限されている。特定の政党や地方公共団体の執行機関を支持，または反対するための行動や署名，寄付募集等は禁じられている。

　教職員はストライキ等の争議行為も禁止されている。全体の奉仕者という職務の性格から，活動の能率を低下させ，住民等の共同利益に大きな影響を及ぼす行為は禁止されているのである。その代わりとして，法律による身分保障と勤務条件が定められており，人事行政を行う人事委員会が設けられている。

　教職員は勤務時間の内外を問わず，任命権者の許可を受けなければ営利企業等の事業に従事できない。自ら営利を目的とする私企業や団体等の役員を兼ねることや営むこと，報酬を得て事業等に従事することは制限の対象となっている（非常勤職員は雇用契約により可能な場合がある）。ただし，公務の能率および公正に支障をきたす恐れがないと認められる場合は，任命権者の許可があれば，制限が解除される場合がある。

12.2.3　研修

　学校教育の担い手となる教職員は，専門職として職責を果たすために自らの資質能力の向上を図るために，常に研修に努める必要がある。自主的・主体的に研修し，能力を高めることは責務である。また，任命権者による研修によって職務の効率的執行が求められており，「地方公務員法」では「職員には，その勤務能率の発揮及び増進のために，研修を受ける機会が与えられなければならない」（第39条）とされている。教員については職務の特性から一般の公務員とは異なり，一層の研修が求められている。「教育基本法」では「法律に定める学校の教員は，自己の崇高な使命を深く自覚し，絶えず研究と修養に励み，その職責の遂行に努めなければならない」（第9条）とある。

12.3　教職員の職務分担と公文書管理

12.3.1　校務分掌

　学校には教育活動の柱となる教育課程の実施をはじめとして，組織としての目標実現に向けて行われているさまざまな活動があり，それらを行うためには教職員の役割分担と協働が必要となる。この役割分担を校務分掌という。校務分掌はそれぞれの学校の実態に応じて組織されている。図12-3は東京都のある小学校，図12-4は中学校の校務分掌組織図の一例である。校務分掌に学校図書館に関するものを設置するか否かは校長の判断によるものとなるが，設置することが望しい。また，学校運営を円滑に行うため，学校経営案や学校経営計画を作成し学校運営に生かしている学校もある。

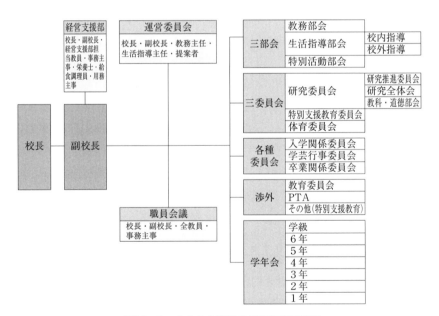

図12-3　市立A小学校の校務分掌組織図
　この組織図には，学校図書館の担当が明示されていない。

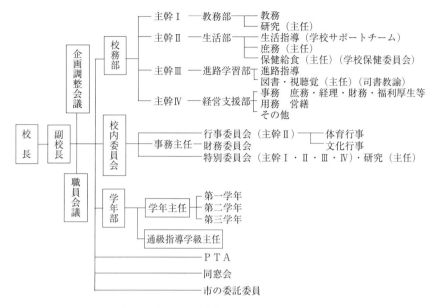

図12-4　市立B中学校の校務分掌組織図

12.3.2　公文書の作成と整理・保存・廃棄

　学校という組織の目的達成のための意思決定は，責任を明確にし，公平性や継続性を担保するために，また対外的な説明責任を果たすために，原則として文書によって行われている。この意思決定にかかる文書を作成することを起案といい，その文書を起案文書という。起案文書のほかにも教育活動を行ううえでさまざまな文書を作成するが，これら職務上作成する文書を公文書という。教員や学校司書などが作成し保護者に配付する学級通信や図書便りなども公文書であり，校長や教頭（副校長）といった管理職の決定が必要となる。思いつきで勝手に作成・配付することはできない。学校図書館の経営方針や年間計画に位置づけて作成し，関係者や管理職の判断を仰ぎ，許可を得たうえで発行・配付する必要がある。また，作成した文書は，それぞれの地域や学校の文書管理規定に従ってファイルなどに整理し，一定期間保存（電子情報の場合は，所定の保存場所に保存）し，保存期間が過ぎたら廃棄する。

13章
現代社会における学校の課題と展望

　現代社会における学校の課題とは何か。
　「学習指導要領」の改訂に先立って，有識者で議論された中央教育審議会では，現代社会とこれからの社会を考え，そこで必要な教育の役割を検討し，学校教育について報告や答申を出してきた。中央教育審議会は国家レベルの教育行政の立場から捉えた教育課題を検討している。本章では中央教育審議会答申等を手がかりに，まず現代社会における学校の課題を概観し，続けて学校現場が直面している課題やその展望について，学校図書館の視点も交えながらみていくことにしたい。

13.1　中央教育審議会答申にみられる現代社会における教育の課題

　第8期中央教育審議会（2015年2月～2017年2月）では図13-1のような部会が設けられ，それぞれの課題に対して議論が行われた。
　設定された部会と審議の内容から，国がどのような事柄を課題として認識しているかがわかるだろう。

13.1.1　高等教育の課題は実社会との接続

　高等教育については，大学院教育や大学教育の質保証や職業教育を行う高等教育機関の制度化について議論されたが，実践的な職業教育を行う新たな高等教育機関の制度化について特別部会を設け，生涯学習分科会の学習成果活用部

13章　現代社会における学校の課題と展望　｜　163

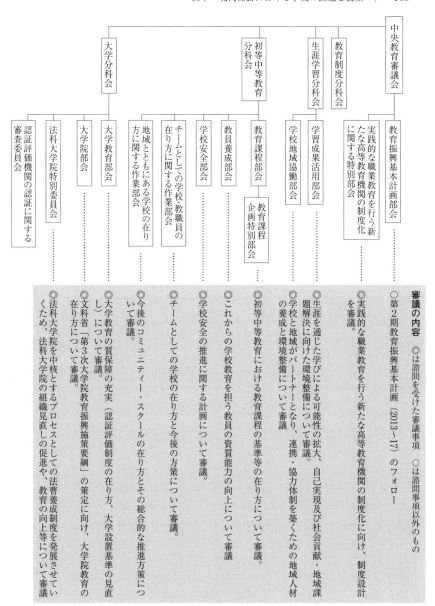

図13-1　第8期中央教育審議会における審議の概要
出典：第8期中央教育審議会資料を基に筆者作成

会と連携しながら「個人の能力と可能性を開花させ，全員参加による課題解決社会を実現するための教育の多様化と質保証の在り方について」(2016年)を答申としてまとめた。そこでは，実践的な職業教育に最適化した高等教育機関を，大学体系に位置づけ創設することを提言し，技能と学問の双方の教育を行いつつも技能の教育に強みをもった教育を行うとした。また，一人ひとりの生涯を通じた学習の成果の適切な評価・活用のための環境整備について提言し，具体的には検定試験の質保証・社会的活用の促進，新たな学習機会やさまざまな活動に結びつけるICTを活用した生涯学習基盤の構想が示された。

　この答申からは，現代の高等教育と現実社会との接続に課題があるとの認識がみえる。新規学卒者を一括採用し，長期雇用の企業内で技能を形成していくことが難しくなった現在，高等教育の在り方の課題としてみえてくる。

13.1.2　地域社会と学校の在り方

　また，学校教育の制度についても，地域とともにある学校の在り方に関する作業部会で検討され，「新しい時代の教育や地方創生の実現に向けた学校と地域の連携・協働の在り方と今後の推進方策について」(2015年)を答申としてまとめた。そこでは，これからの学校と地域の目指すべき連携・協働の在り方について，

　①地域とともにある学校への転換
　②子どもも大人も学び合い育ち合う教育体制の構築
　③学校を核とした地域づくりの推進

の3つの方向性で推進すべきとし，この方向性での制度面・運営面の改善とあわせ，財政的支援を含めた総合的な推進方策により，「コミュニティ・スクール」を推進すること，地域と学校が連携・協働して地域全体で未来を担う子どもたちの成長を支え，地域を創生する「地域学校協働活動」を推進することなどを提言した。

　この答申からは，閉鎖性が指摘され家庭・地域との連携が求められてきた学校に開放性を求め，地域づくりの拠点として機能させていこうとする意図がみえてくる。家庭・地域との連携といっても学校からの一方向からのものになり

がちであったものを，コミュニティー・スクール化した学校では，学校運営協議会を学校経営に位置づけることによって，地域との密接な連携を図ろうというものである。人口減少によって地域も縮小し，地域の活性化も課題となっている。双方にとって益となる改革を企図したものといえるだろう。

13.1.3　初等中等教育の刷新

　初等中等教育について，これからの学校教育を考え，教育課程の編成基準を検討した初等中等教育分科会の教育課程部会が「幼稚園，小学校，中学校，高等学校及び特別支援学校の学習指導要領等の改善及び必要な方策等について」（2016年）を答申として出した。全243頁に及ぶ答申の概略を述べると，今後，子どもたちが，複雑で予測困難な時代を前向きに受け止め，社会や人生をより豊かなものにすることができるようになることを目指して，"よりよい学校教育を通じてよりよい社会を創る"という目標を学校と社会が共有し，連携・協働しながら，新しい時代に求められる資質・能力を子どもたちに育む「社会に開かれた教育課程」を理念とし，この理念の実現のため，「何ができるようになるか」「何を学ぶか」「どのように学ぶか」を一体として検討し，次の3点を提言した。

①学習指導要領等の枠組みの見直し
②教育課程を軸に学校教育の改善・充実の好循環を生み出す「カリキュラム・マネジメント」の実現
③「主体的・対話的で深い学び」の実現（アクティブ・ラーニングの視点からの授業改善）

　この答申は約10年周期で行われてきた次の教育課程の編成基準である「学習指導要領」のための検討結果で，18歳選挙権の実施を受け，高等学校教育の改革を重点にして検討されてきたものである。その結果，高等学校の地理歴史科・公民科では科目構造が大きく変更された。公民科の現代社会を廃し新設された必修科目「公共」では，市民社会への参画を目標とするが，基本的人権や平和主義に関することが学習内容から削除されており，懸念の声もある。また「公共」は，小・中学校で新たに登場した特別の教科である道徳に対応するも

のとして，高等学校での道徳教育の核をなすとの見方もある。特定の価値観の押しつけや徳目の注入になるのであれば，18歳選挙権に応ずることのできる市民を育てるという趣旨からは逸脱することが懸念される。道徳の教科化は，なくならないいじめへの対応に端を発しているが，特定の価値観を強いるような道徳の授業が普及することが多様性の否定につながり，いじめをいっそう激しいものにしないか危惧される。

　高等学校の新設科目等には「探究」の語が使われた科目が多くみられる（日本史探究，世界史探究，地理探究，総合的な探究の時間（総合的な学習の時間を変更），古典探究，理数探究基礎，理数探究）。この科目名からは，2008（平成20）年版「学習指導要領」で示された学習過程「習得-活用-探究」の探究への期待がうかがわれる。

　また，授業改善の視点として「主体的・対話的で深い学び」が提唱されたことも重要な点である。知識・技能の習得に重点が置かれ，講義中心になりがちだった授業を改善し，アクティブ・ラーニングによって思考力・判断力・表現力等を育成し，学び方も学べるようにしていくという方向性は，大学教育がすでに取り組もうとしていることでもある。

13.1.4　教員の資質能力の向上と学校組織

　この初等中等教育の改革を支えるために，教員養成部会で教員の資質能力の向上について検討し「これからの学校教育を担う教員の資質能力の向上について」（2015年）を答申としてまとめた。これからの教育を担う教員に求められる指導力を，教員の専門性のなかに明確に位置づけた。そして，すべての教員がその指導力を身に付けることができるようにするため，教員の養成・採用・研修を通じた一体的制度改革として，教員育成協議会，教員育成指標，教員研修計画等といった連携・協働の基盤的整備を図り，高度専門職業人として学び合い，高め合う教員を育成・支援するキャリアシステムの構築等について提言している。また，研修・採用・養成・免許制度等に関するそれぞれの課題に対する提言も行った。これに伴い，大学の教職課程版学習指導要領ともいえる教職課程コア・カリキュラムがつくられ，各大学の教職課程の課程認定の際に基

準的に用いられることになった。

　また，OECD 加盟国でも有数の勤務時間の長さとなっている日本の教員の働き方改革の観点から，チームとしての学校・教職員の在り方に関する作業部会では「チームとしての学校の在り方と今後の改善方策について」（2015年）を答申した。複雑化・多様化する学校の課題に対応し，子どもたちに必要な資質・能力を育むため，学校のマネジメント機能を強化し，組織として教育活動に取り組む体制を作り上げるとともに，学校において教員が心理や福祉等の専門家等と連携・分担する体制を整備すること，すなわち「チーム学校」の実現について提言した。限りある財源のなかで学校を機能させ，教員の働く環境も改善していくために提唱された「チーム学校」だが，さまざまな立場にある職員が，有限の時間のなかで共通理解を図り，チームとして実際に機能することが，今後の課題となっている。

13.2　学校現場からみた学校の課題

　中央教育審議会の答申は日本の現状からみた学校教育の課題を示したが，より学校現場に近づくと学校の課題はどのようにみえてくるだろうか。学校の管理運営にあたる立場から学校運営を考える，『平成27年度版　最新の教育課題50』（窪田眞二監修，学校教育課題研究会編著，学陽書房，2015）によれば，次のようなことが課題として挙がってくる。以下，目次を見てみよう。

第1章　揺れ動く教育課題への対応
1　法制化されたいじめ防止と対策の強化
2　学校の体罰問題と根絶の指導
3　携帯・スマホの児童生徒への影響
4　不登校の予防と適切な対応
5　食育の推進と栄養教諭の役割
6　保護者・地域住民とのトラブルへの対応
7　規則改正による土曜日の教育活動
8　生命の重みの指導と自殺の予防

9 放課後に実施する学童保育の実情
10 就学前教育の推移と子育て支援
11 人口減少社会に伴う学校教育の変容

第2章　新しい視点に立つ学校教育

12 これからの時代が求める学力と学習指導
13 学習指導要領の視点に立つ授業づくり
14 学習活動の基盤となる言語能力の育成
15 科学技術の基盤を育てる理数教育の推進
16 伝統と文化の学習と指導
17 道徳教育の要,「道徳の時間」
18 グローバル化に対応した外国語活動
19 学んだ事が身に付く個に応じた指導
20 学級経営の基本と生徒指導の充実
21 学習評価の在り方
22 読書力を育む学校図書館の役割
23 学校教育におけるICT活用のねらいと効果
24 進路指導,ガイダンス機能の充実
25 キャリア教育の充実
26 部活動の意義と留意点
27 特別な支援を必要とする児童生徒の指導
28 帰国児童生徒・外国人児童生徒の指導
29 ものづくり教育に関する取り組み
30 期待が広がる小中一貫教育

第3章　実効性のある学校の管理運営

31 新しい職の設置と組織的な学校運営
32 地域とともにある信頼される学校づくり
33 学校運営を円滑にする職員会議の在り方
34 子供の安全確保と学校施設の耐震化
35 暴力行為の状況と秩序の確立
36 きめ細やかな教育相談体制づくりと推進
37 学校における的確な情報管理
38 環境教育の充実と実践
39 学校と地域の連携・協働
40 学校選択制の現状と課題

第4章　学校力を高める教員の職務と研修
41　全国学力テストの実施と学力底上げ
42　教員の勤務実態と課題
43　教員の職務と分限
44　学校改革を促す校内研究のポイント
45　教員の資質能力の向上と研修
46　授業力・指導力を高める研修
47　実効性の高い学校評価の推進
48　新任教員のつまづきと指導体制
49　教職員の心の病とメンタルヘルス
50　教職員の意欲を高める制度と活用

　本書のカバーには「学校運営，管理職試験対策にも役立つ」とある。平成27年版であるので，2008(平成20)年版「学習指導要領」がもとになっており，2019(平成31)年以降については異なる課題も想定されるが，この50の課題が，実際の学校現場で喫緊の課題となっているといえるだろう。学校図書館は教育課程の展開に寄与する設備・機能である。したがって，学校の教育活動全般に対して目配りする必要があるため，これら50の課題についての概略は知っておきたい。特に注目すべきは，「学習指導要領」の具現化のための課題である第2章で示されている問題と，学校教育を情報面から支えるために必要な下記の主題に関する課題である（かっこ内は対応する課題の番号）。
　①情報管理・情報教育の課題（3，34，37，45）
　②保護者・地域との連携に関する課題（6，7，10，11，32，34，39，40，47）
　③特別な教育的ニーズ・多文化への対応に関する課題（18，27，28）
　④教職員の資質・能力向上に関する課題（45，46）
　これらについて，学校図書館の立場からみていくことにしたい。
　まず①についてみていく。学校図書館は情報センターとしての機能を求められている。情報管理の話題として37等で言及されているのは，子どもの個人情報に関わる情報の作成・管理・運用・廃棄等に関する事柄である。学校では「行政機関の保有する情報の公開に関する法律」や「個人情報の保護に関する

法律」（私立学校に適用），「個人情報保護条例」（各自治体が制定，公立学校に適用）などをふまえつつ，個人情報が扱われている。同様に，学校図書館でも個人情報を扱っている。学校内における個人情報管理のルールとその実施体制を把握し，それに則って取り扱わなければならない。特に個人情報や資料の貸借情報を電子データとして扱っている場合は，校内の電子情報の管理規定を熟知しておく必要がある。また，利用者による情報探索のためにインターネットに接続できるコンピュータ端末が設置される学校図書館も増えてきている。そのためコンピュータ端末の利用方法やインターネットにアクセスする際の規定，さらにはルールやモラルについても，必要に応じて指導できるようにしておくことが求められる。

　次に②についてみていきたい。学校図書館の運営には，多くの人手を必要とする。学校司書や司書教諭といった学校内のスタッフだけでは手が足りず，資料の補修や読み聞かせ活動など，保護者や地域の人々の協力を得ているところは多い。そのような学校外の人々と連絡・連携するにあたっては，学校が組織として定めた規定等に則って行う。また，「学校図書館法」の第4条2項には「学校図書館は，その目的を達成するのに支障のない限度において，一般公衆に利用させることができる」とあり，実際に児童生徒が利用している時間外に，市民に公開し，利用されている学校図書館もある。このような場合には，学校としての規定だけでなく，自治体の規定等についても熟知する必要があろう。

　③は，近年学校に対応が強く求められている分野である。障害への対応はもとより，言語や文化等が異なる子どもの多様な教育的ニーズへの対応である。公共図書館で行われている障害者サービスや多文化サービスをモデルに，学校の実態に応じて可能なかぎり取り組まねばならない。障害のある子どもが読みやすいDAISY図書やLLブック等の整備，外国語の資料・機器・環境等，すべての子どもに応ずることができるようにしなくてはならない。

　④は，教職員への支援に関することである。教員の仕事は情報なしには行いえない仕事である。主要な業務である授業には教材研究が必須だが，近年話題になっているように教員の勤務時間は長時間のうえに多忙であるため，公共図書館等に資料を探しに行くことは困難である。教員自身が図書館を活用してい

なければ，自然と子どもへの指導においても学校図書館の利用が遠のく。教員への情報支援は学校図書館の利用活性化にもつながるのである。特に学校図書館を利用した教育活動に関する資料を整備し提供したいものである。教員が取り組まねばならない教育課題に関する資料も整備するとよいだろう。

　最後に2章で示された，「学習指導要領」の具現化に関する課題について述べたい。子どもたちの学力育成に向けて言語環境の整備や言語活動の充実が求められているが，この課題は学校図書館こそが貢献すべき課題である。適切な資料をそろえ，言語活動の充実や子どもの読書活動の推進に貢献できるような学校図書館に整備していくことが重要である。その際には，科学技術・伝統文化・グローバリゼーションへの対応・キャリア教育・情報化に関する資料を整備していくことも必要となろう。

13.3　教育の課題

　ここまで，現在行われている学校教育の具体的な課題について，学校図書館の視点も交えながらみてきたが，最後に教育制度や教育に対する考え方等からの課題について触れておきたい。

　教育社会学者の広田照幸は『教育は何をなすべきか：能力・職業・市民』（岩波書店，2015年）で，現代日本の公教育を考える際に，中心的に課題として据えるべき問題は以下の3点だとしている。

　①教育の中の能力観の問題
　②職業を手に入れるための教育という考え方
　③市民を形成する公教育の役割について

　①は，教育理念として個性重視の方向性の是非に関する問題として展開されている。1985（昭和60）年に示された臨時教育審議会の答申で「個性重視の原則」が打ち出されたが，その是非を検討している。わが国の教育の根深い病弊である画一性，硬直性，閉鎖性，非国際性を打破するために個人の尊厳，個性の尊重，自由・自律・自己責任の原則，すなわち個性重視の原則が打ち出されたが，その後の変化のなかで，格差社会化が進み，貧富の差がむき出しとなっ

ている。こうした社会で，この原則を主張することは，世代的再生産を正当化することになるのではないかというものである（たとえば貧困家庭に生まれた子どもは成長しても貧困家庭で暮らすことになる）。苅谷剛彦の『大衆教育社会のゆくえ』（中央公論社，1995年）等では，教育機会や学力が社会階層間で不平等な構造になっていること，学力だけでなく努力や意欲の面でも階層間の格差があることが示され，個性重視の原則で進められたゆとり教育が，階層間の格差をいっそう広げていることが指摘された。広田は，教育改革の方向性をさまざまな価値の間で優先順位の問題として議論するためには，前述の知見だけでは不十分であるとし，教育哲学や教育思想の知に拠りながら，新たな教育改革の方向性を見定め，それに応じた能力観を構築していく必要があるとしている。

②は①に続けて，教育は職業を手に入れるためのもの（職業教育主義）とする立場について検討し，社会全体の経済発展や個人的な職業準備に向けた教育という側面は確かに必要だが，それのみにとどまらず，多様な目的・目標を視野に入れて検討することが必要であるとしている。

③では，どのような目的・目標を視野に入れて教育を考えるかについて，これまでの歴史的経緯やグローバリゼーション，東日本大震災後の社会状況から検討し，結論として社会の能動的な形成者としての市民を育てる教育が必要であることを主張している。

広田は，現代社会における教育の意義と機能を歴史的な展開のなかで検討し，これからの市民社会を展望しつつ，その市民社会を能動的に形成する市民の育成に焦点をあてて考察していた。このような大きな枠組みで考えることによってこそ，中央教育審議会の議論の中で検討されていたことの意味や是非，学校現場が実際に課題として対面している具体的な問題の根本が見え，対応策を講じることができるのではないだろうか。

学校は現行の教育政策のもとで展開している。本章では，その大元となる教育政策の方向性を検討する場である中央教育審議会で議論されてきたことと，学校現場での課題をみてきた。

子ども・家庭・地域，そして社会は変化し，それに応じて教育も変化してい

く。長いスパンで社会の変化や教育を考えることも必要なのである。学校と子どもとの関わりは極めて短い期間のことであるが，子どもの人生はその後も長く，教育の意義や効果はそこでこそ問われるのである。広田の議論を紹介したのは，そのような視点をもちつつ，現場に立つことが重要だからである。

　学校教育はその時代にある多くの制限のもとで展開していくが，子どもたちが自ら学ぶ力を身につけることができれば，変化していく中で必要な学び直しが可能となる。与えられるだけでなく自ら情報を得て学び続けることを支援する学校図書館は，自律した学習者である市民を育てる基盤となりうる。学校教育のなかに学校図書館があること。これが学校教育の課題に対するひとつの展望であると指摘し，本章を締めくくることにしたい。

14章 学校教育における学校司書の役割と可能性

14.1 学校司書の歴史

　日本における学校図書館の初期の事例としては，1902(明治35)年に京都市立生祥尋常高等小学校に設置された「生祥児童文庫」がある。『日本学校図書館史』を著した塩見昇は，「1905(明治38)年現在で1,374冊の蔵書を備え，運営上も学校図書館としてかなりの実態を備えていたように思われる」[1]と述べている。同校における児童文庫（学校図書館）設置は，1902年から1919(大正8)年まで校長を務めた岩内誠一によるところが大きく，背景には欧米で盛んになりつつあった新教育の影響があった。同校の文庫要領によると，その目的は，「書籍愛好ノ習慣ヲ養フコト」「諸教科ノ予習及ビ参考ノ資料ニ供シ自修ノ習慣ヲ養フコト」「公共物ニ対スル道徳的意識ノ教練ヲナスコト」の3つであり，今日にも通じるものがある。また，文庫管理規程によると，「第1条　本文庫ノ管理ハ生祥高等小学校長之ヲ司ル」「第7条　本文庫管理ノタメ左ノ係員ヲ置ク　主幹一名　図書取扱係一名」とあり，校長の責任のもとに「主幹」と「図書取扱係」の係員を置いていたことがわかる。この係員は，教員が務めていたものと思われ，今日でいう「図書主任」と「図書係教諭」に当たるだろう。

　その後，Ⅱ部7章7.3で述べた大正自由教育の時期になると，新たに生まれた私立小学校，一部の師範学校附属小学校や公立小学校でも学校図書館を設け，

1：塩見昇『日本学校図書館史』全国学校図書館協議会，1986，p.36-37．

活用する動きがあった。その実務は，教員が担っていた。

　第二次世界大戦後，「学校教育法施行規則」第1条によって，「学校には，その学校の目的を実現するために必要な校地，校具，運動場，図書館又は図書室，保健室その他の設備を設けなければならない」（下線は筆者による）と規定され，学校図書館の設置が義務化されたのは1947(昭和22)年のことであった。GHQ の指示により新教育に転換した学校教育とって学校図書館は不可欠な存在であった。翌年に文部省が刊行した『学校図書館の手引』では，学校図書館の担当者について「学校図書館はいかに小さい規模のものであっても，形の上からは司書・事務員の二つの職制が必要である。司書は教師の中から選ばれ，学校図書館の経営に全責任をになう」と述べている。「司書」という名称が登場しているものの，「司書は教師の中から選ばれ」とあるので，今日でいう司書教諭のことを想定していたものと思われる。1949(昭和24)年には，文部省が「学校図書館基準」を初めて定めた。ここでは，学校図書館担当者の構成として「専任の司書教諭をおく」「司書教諭のほかに事務助手をおく」などとし，司書教諭という名称が登場している。第二次米国教育使節団が1950(昭和25)年に来日し，その報告書のなかで「教材センターとしての学校図書館は，生徒を援助し指導する司書を置いて，学校の心臓部となるべきである」と述べ，司書という名称が用いられている。このように，戦後初期には，司書と司書教諭という名称が混在して用いられていた。いずれにしても，学校図書館の担当者が必要であることが意識されていたことはわかる。

　1953(昭和28)年8月，議員立法によって「学校図書館法」が制定された（施行は翌年）。同法では，司書教諭のみが規定された。しかし，司書教諭は，同法附則の規定によって「当分の間」（結果的に2003年3月までの長期にわたった[2]）置かないことができるとされ，ほぼ画餅に等しかった。

　こうした状況にあって，地方公共団体や学校の努力によって，事務職員の形で学校司書を置くところもあった。全国学校図書館協議会の機関誌『学校図書館』第99号（1959年1月号）では，初めて学校司書をテーマにした特集「学校

2：司書教諭は，現在においても，11学級以下の規模の学校においては置かないことができるとされている。

司書の諸問題」を組んでいる。そして，学校司書の職務内容は何なのか，学校司書の制度化や身分保障の必要性などが議論されている。なお，1959（昭和34）年に文部省は新たな「学校図書館基準」を定め，「学校図書館に司書教諭および事務職員を置く」「事務職員は専門の知識技術を修得しなければならない」としたが，実質は何も変わらなかった。そもそも，このころ，戦後の新教育は，検定教科書を中心にした知識詰め込み型の教育へと逆戻りし始めており，それに伴い学校図書館も軽視され，鍵のかかった「開かずの間」と化す学校が少なくなかった。

　学校司書について少し前進を見るのは1967（昭和42）年であった。この年，「公立高等学校の設置，適正配置及び教職員定数の標準等に関する法律」（高校標準法）が改正され，学校図書館担当事務職員が定数化されたのである。具体的には生徒数810人以上の規模の公立高等学校に事務職員を1人加配する規定が追加され，これが公立高等学校における専任の学校司書配置の根拠となったのである。公立の小学校と中学校の学校司書については，ようやく1993（平成5）年になって「公立義務教育諸学校の学級編成及び教職員定数の標準に関する法律」（義務標準法）が改正され，27学級以上の小学校，21学級以上の中学校に事務職員を1人加配する規定が追加された。しかし，いずれも，事務職員としての定数化であり，学校司書という名称が正式に用いられたわけではない。

　この間，1975（昭和50）年には，「全国学校図書館協議会と日本教職員組合，日本高等学校教職員組合との学校図書館法改正運動についての覚え書」が結ばれ，三者で協力して「学校図書館法」改正運動を進めるとした。この覚書のなかでは，学校司書を法制化すること，学校司書は教育職員とすることなどが盛り込まれていた。しかし，このとき，「学校図書館法」改正は実現しなかった。

　1997（平成9）年に「学校図書館法」が一部改正され，2003（平成15）年4月から12学級以上の規模の学校に司書教諭を必置とした。ところが，学校司書については，衆議院と参議院の附帯決議において「司書教諭の設置及びその職務の検討に当たっては，いわゆる学校司書がその職を失う結果にならないよう配慮すること」などとされたのみで，法制化されなかった。

　学校教育や子どもの読書をめぐる状況の変化もあって，2000年代に入ると，

学校司書の配置を促進する機運が高まっていく。2005（平成17）年に制定された「文字・活字文化振興法」では，第8条第2項において「司書教諭及び学校図書館に関する職務を担当するその他の職員の充実等の人的体制の整備」などについて「必要な施策を講ずるものとする」とされた（下線は筆者による）。また，2012（平成24）年からは，学校図書館担当職員配置に対する年額約150億円の地方財政措置が開始された。これは，1週あたり30時間勤務の学校司書をおおむね2校に1名程度配置することが可能な規模である。

こうして，ようやく学校司書の法制化（正式に学校司書が法律に規定される）が実現するのは，「学校図書館法」が一部改正された2014（平成26）年6月のことであった（施行は翌年）。しかし，課題も多く残されている。学校司書の配置は努力義務にとどまっており，また，非常勤や嘱託などの不安定な雇用形態の人が多く，1人で複数校兼務というケースもある。学校司書がその職務に専念できるような体制づくりを進める必要がある。

14.2　学校図書館が不可欠な学校教育

「学校図書館法」第1条には，「学校図書館が，学校教育において欠くことのできない基礎的な設備である」と明示している。しかし，この認識が，同法制定以降，学校教育関係者の間で共通のものとなっていたかといえば，そうではない。1950年代後半以降，検定教科書中心の知識詰め込み型の教育が展開されるなかで，学校図書館の不可欠性は有名無実化してしまった。

こうした状況が見直され，学校図書館の不可欠性が再認識されるようになるのは，1970年代後半以降，特に，1990年代に入ってからである。その背景には，大きく2つの動きがある。1つは「学習指導要領」などの改訂を受けて，学校図書館を授業で活用していこうという機運の高まりであり，もう1つは子どもの「読書離れ」への危機感から，読書活動を推進しようという機運の高まりである。「学校図書館法」ができてから50年近くたって，「学校の教育課程の展開に寄与する」「児童又は生徒の健全な教養を育成する」（ともに同法第2条）という学校図書館本来の2つの目的がようやく果たされることになったのである。

2017(平成29)年から2018(平成30)年にかけて改訂・公示された各校種の「学習指導要領」では，これまでにも増して学校図書館の扱いが大きくなっている。たとえば，すべての校種の「学習指導要領」では，「総則」のなかで，「学校図書館を計画的に利用しその機能の活用を図り，生徒の主体的・対話的で深い学びの実現に向けた授業改善に生かすとともに，生徒の自主的，自発的な学習活動や読書活動を充実すること」(生徒の部分は，小学校においては児童)とされている。また，学校図書館に関連する「言語能力の育成を図るため，<u>各学校において必要な言語環境を整える</u>とともに，国語科を要としつつ各教科・科目等の特質に応じて，<u>生徒の言語活動を充実すること</u>」や「情報活用能力の育成を図るため，<u>各学校において，コンピュータや情報通信ネットワークなどの情報手段を活用するために必要な環境を整え</u>，これらを適切に活用した学習活動の充実を図ること。また，<u>各種の統計資料や新聞，視聴覚教材や教育機器などの教材・教具の適切な活用を図ること</u>」などの記述もある（下線は筆者による）。すべての教科等に関わる「総則」のなかに，こうした学校図書館に関連した記述が位置づけられている意義は大きい。

　また，2018年4月に閣議決定された「子供の読書活動の推進に関する基本的な計画（第4次）」では，「これからの学校図書館には，読書活動における利活用に加え，様々な学習・指導場面での利活用を通じて，子供たちの言語能力，情報活用能力，問題解決能力，批判的吟味力等の育成を支え，主体的・対話的で深い学びの視点からの授業改善を効果的に進める基盤としての役割が期待されている」としている。

　これらをふまえて，今日，学校図書館には以下のような機能を発揮することが求められている。

　①読書センター機能……校内において，子どもの読書活動を推進したり，読書指導を展開する拠点としての機能

　②学習センター機能……校内において，子どもの学習活動を支援したり，授業内容を豊かにし深める拠点としての機能

　③情報センター機能……校内において，子どもの情報活用能力を育成したり，情報ニーズに対応する拠点としての機能

「学習センター機能」と「情報センター機能」をあわせて「学習・情報センター機能」といわれることもある。

これら3つの基幹的な機能に加えて，学校図書館には，教員の教材研究や授業づくりをサポートする④「教員サポート」の機能や，子どものストレスの高まりや生徒指導上の諸問題へ対応する⑤「心の居場所」としての機能なども必要とされている。

これら学校図書館の機能を高め，さまざまな学習活動や読書活動で利活用可能な学校図書館を整備・充実していくことが欠かせない。

14.3　学校教育における学校司書の役割

文部科学省は，2016(平成28)年11月に「学校図書館の運営上の重要な事項についてその望ましい在り方を示」した「学校図書館ガイドライン」を定めている。このなかで，学校司書については次のように述べている。「学校司書は，学校図書館を運営していくために必要な専門的・技術的職務に従事するとともに，学校図書館を活用した授業やその他の教育活動を司書教諭や教員とともに進めるよう努めることが望ましい。具体的には，1児童生徒や教員に対する「間接的支援」に関する職務，2児童生徒や教員に対する「直接的支援」に関する職務，3教育目標を達成するための「教育指導への支援」に関する職務という3つの観点に分けられる」としている。加えて，「学校司書がその役割を果たすとともに，学校図書館の利活用が教育課程の展開に寄与する形で進むようにするためには，学校教職員の一員として，学校司書が職員会議や校内研修等に参加するなど，学校の教育活動全体の状況も把握した上で職務に当たることも有効である」とも述べている。

では，ここにいう「間接的支援」「直接的支援」「教育指導への支援」に関する職務とは，具体的にはどのようなことを指しているのだろうか。この点については，文部科学省に設けられた「学校図書館担当職員の役割及びその資質の向上に関する調査研究協力者会議」のまとめた『これからの学校図書館担当職員に求められる役割・職務及びその資質能力の向上方策等について（報告）』

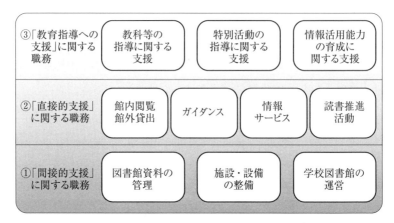

図14-1　学校図書館担当職員の職務（イメージ図）

(2014年3月) に詳しく述べられている (図14-1)。

　学校司書の「間接的支援」に関する職務としては図書館資料の管理，施設・設備の整備，学校図書館の運営，「直接的支援」に関する職務としては館内閲覧，館外貸出，ガイダンス，情報サービス，読書推進活動，「教育指導への支援」に関する職務としては教科等の指導に関する支援，特別活動の指導に関する支援，情報活用能力の育成に関する支援がある。それぞれの職務の標準を表14-1～表14-3に示す。

　なお，これらの職務を行うにあたっては，司書教諭などの学校図書館に関係するほかの教職員との協働・分担が前提となる。

14.4　学校教育における学校司書の可能性

　学校教育のなかで学校図書館への期待が高まっている。学校司書をめぐっては雇用形態や勤務条件など課題も多く残されているが，学校図書館がその機能を発揮するために学校司書の果たす役割は大きい。

　学校司書は，教員ではない。それ自体を課題とする意見も聞かれる。しかし，逆に，教員ではないことが強みであることも忘れてはならない。子どもから見

表14-1　児童生徒や教員に対する「間接的支援」に関する職務

図書館資料の管理

図書館資料の選定，収集，廃棄
　◇教員・児童生徒の要望や蔵書構成を考慮した資料収集方針や選定基準，廃棄基準の作成
　◇選定基準に沿った図書館資料の選定
　◇教育課程の展開に必要な資料や情報の選定・収集
図書館資料の発注，受入，分類，登録，装備，配架，保存，補修，廃棄
　◇日本十進分類法（NDC）等による配架
　◇蔵書点検，書架点検などの蔵書管理，目録等資料検索手段の整備
図書館資料の展示
　◇新着本の別置，テーマ別展示，面出し（書籍の表紙を見せる）など関心を高める展示
学級文庫等における資料管理
　◇定期的な内容の更新

施設・設備の整備

施設案内・利用案内・書架案内の設置
　◇館内配置図・分類別の書架表示（棚表示）の作成，館外の掲示
環境整備，保守・点検
　◇ゆとりある読書スペースや学習スペースの工夫
　◇書架や館内のレイアウトの改善，デッドスペースの解消
　◇空調・照明などの室内環境の整備，防災・減災等安全管理への対応（転倒防止等の配慮）
情報機器の整備・管理
　◇学校図書館管理システム，情報検索用のコンピュータや各種電子資料の再生機器の維持管理

学校図書館の運営

他の学校図書館や公共図書館等との連携，学校図書館担当職員間の協力
　◇相互貸借，資料データ等の交流・共有
広報・渉外活動
　◇学校図書館便り・学校図書館ウェブサイトの作成・管理
学校図書館の運営に関する業務
　◇学校図書館に関する計画等の作成
予算編成・執行業務
　◇学校図書館に係る予算案の作成
　◇適正かつ計画的な予算執行
利用実態調査，集計・評価
　◇貸出冊数，分類別蔵書数，利用記録の管理
　◇学校図書館を活用した授業等に関する調査
　◇学校図書館に対する要望の把握

表14-2　児童生徒や教員に対する「直接的支援」に関する職務

館内閲覧，館外貸出

利用案内，図書館資料の提供
　◇閲覧環境の整備
　◇利用者の予約やリクエストへの対応，延滞者への対応
　◇他館からの取り寄せ，他館への貸出

ガイダンス

学校図書館利用の指導・ガイダンス（オリエンテーション等）
　◇児童生徒及び教職員に対する学校図書館の利用方法のガイダンス
　◇開館時間や貸出可能冊数等の利用方法に関する掲示資料等の作成

情報サービス

レファレンスサービス・調べもの相談，フロアワーク
　◇質問の受付，文献やデータベースを利用した調査・回答
　◇他の情報専門機関への照会・案内
　◇対応記録の蓄積とその活用
　◇図書館資料や検索ワードの選択に関する助言
　◇目次・索引等の利用方法に関する説明
情報検索，情報の収集・記録・編集のアドバイス
　◇ネットワーク情報資源の把握
　◇オンラインデータベース，情報源の検索方法等の助言

読書推進活動

読書推進活動の企画・実施
　◇読書に親しませ，習慣化させていく支援
　◇読み聞かせ，ブックトーク[2]，アニマシオン[3]，ストーリーテリング[4]等の児童生徒と本をつなげる活動
　◇本の面白さや読書することの楽しさを伝え，読書意欲を高めていく活動
児童生徒の興味・関心・発達段階・読書力に合った図書館資料の案内・紹介
　◇児童生徒個々人の読書状況を把握し，読書意欲を持たせ，読書体験を深める手立ての工夫
　◇薦めたい本やテーマ別又は教科書の単元に関連した図書等のブックリストの作成・展示

---

[2] あるテーマを基に，あらすじや著者紹介等を交えて，本への興味が湧くような工夫を凝らしながら本の内容を紹介すること。

[3] 子供たちに読書の楽しさを伝え，子供が生まれながらに持つ「読む力」を引き出すためにクイズ等を用いて行う読書指導方法。

[4] 語り手が物語を暗記し，本を見ずに語ることで，聞き手は頭の中でいろいろな場面を想像しながら聞くことができる。

表14-3　教育目標を達成するための「教育指導への支援」に関する職務

教科等の指導に関する支援

授業のねらいに沿った図書館資料の紹介・準備・提供
　◇各学年・各教科等に関する教育課程の目標・内容の理解
　◇効果的な図書館資料の紹介・準備・提供
　◇資料リストやパスファインダー[5]の作成・提供及び取り上げた資料の展示
学校図書館を活用した授業を行う司書教諭や教員との打合せ
　◇授業の目的・内容・展開等，授業づくりに関する概要の把握
　◇授業の中で指導される情報活用能力のスキルに関する事項
　◇個別指導，レファレンスや情報提供のタイミングや方法などの役割分担についての共通理解
学校図書館を活用した授業への参加
　◇辞書の引き方，目次・索引の利用法，日本十進分類法（NDC）等の図書館資料の活用の仕方についての説明
　◇チーム・ティーチングの一員として児童生徒に指導的に関わる学習の支援
学校図書館の活用事例に関する教員への情報提供
　◇教育効果が高いと思われる事例等の紹介
　◇教員の教材研究への協力
　◇学校図書館の活用に関する各種コンクール情報や研修に関する情報の周知
学校図書館を活用した授業における教材や児童生徒の成果物の保存・データベース化・展示
　◇保存・データベース化した物の適切な整理・管理，教員への情報提供

特別活動の指導に関する支援

委員会活動・読書クラブ等に対する助言
　◇図書委員会等の委員会活動が円滑に行えるような支援
　◇児童生徒の自主的な活動に関する助言

情報活用能力の育成に関する支援

文化祭や修学旅行等，学校行事に関わる資料の掲示・提供
　◇児童生徒の関心を引くトピックの工夫，掲示・提供の時期及び掲示場所・掲示方法の工夫
資料の検索方法やデータベースの利用方法についての指導に関する支援
　◇情報機器活用についての個別支援
調べ学習[6]に関する支援
　◇児童生徒の学習段階・学習内容に合わせた多様な情報源の収集
　◇適切な資料や情報の選択に関する助言
　◇検索ワードや検索サイトの選択に関する助言

＊5　特定のテーマに関する資料や情報を探すための手順や資料をまとめたもの。
＊6　一般に，主題の設定から調査方法の吟味，資料の収集と選択，調査活動，レポートの作成，発表会などの開催等の段階を通した一連の学習。

たとき，学校内に，自分を評価しない立場（＝教員でない立場）で接してもらえる職員（学校司書）がいることは大きな安心感をもたらすものである。それも，だれでも利用できる学校図書館にいてくれるのだから，とても心強い。「チームとしての学校」が目指される今日，この強みを生かしながら，教員や他の職員との協働のもと，ともに学校を支え，子どもを育んでいきたい。

　学校司書がその職務を行っていくためには，自らの資質・能力を常に維持・向上する努力が欠かせない。文部科学省が「学校司書のモデルカリキュラム」で示した科目を履修済みであることや，司書や司書教諭の資格を保有していることは，あくまでも資質・能力のベースラインを修得していることしか意味しない。言い換えれば，スタートラインに立ったに過ぎないのである。学校司書の専門性をより高めるためには，勤務し始めてからの学びが大切である。まさに「生涯学習」である。教育委員会主催の研修会を受講するだけで満足せず，日々，学校図書館に関する専門の雑誌[3]や書籍を読んで積極的に新たな知識・情報を吸収したり，さまざま研修会やセミナー[4]に自主的に参加して自らの資質・能力のさらなる向上を目指した研鑽を積んでいきたい。

　このことは，学校司書に限らず，どんな専門職にもいえることである。自らの学校司書としての可能性を伸ばせるかどうかは，自らのたゆまざる努力にかかっている部分が大きいのである。

■Ⅳ部の参考文献
佐島群巳・小池俊夫編著『教職論：子どもと教育を愛する教師をめざす』新訂版，学文社，2016.
汐見稔幸ほか編著『よくわかる教育原理』ミネルヴァ書房，2011.
塩見昇『日本学校図書館史』全国学校図書館協議会，1986.

3：月刊『学校図書館』（全国学校図書館協議会）などがある。
4：全国学校図書館協議会では，毎年「学校司書研修講座」などを開講している。詳しくはhttp://www.j-sla.or.jp を参照のこと。また，全国学校図書館協議会をはじめ，日本学校図書館学会，学校図書館問題研究会，日本図書館協会学校図書館部会，日本子どもの本研究会などでは，毎年夏に，全国大会や研究集会を開催している。このほかにも，さまざまな研修会などが各地で開催されている。

全国学校図書館協議会監修『司書教諭・学校司書のための学校図書館必携：理論と実践』改訂版，悠光堂，2017．
東京都教職員研修センター監修『教職員ハンドブック』第3次改訂版，都政新報社，2012．
野口武悟「学校図書館の目的と機能」『学校図書館』810号，2018，p.15-16．
野口武悟「大学における学校司書の養成はどうあるべきか」『子どもの本棚』548号，2014，p.28-30．
野口武悟・前田稔編著『学校経営と学校図書館』改訂新版，放送大学教育振興会，2017．
平原春好『教育行政学』東京大学出版会，1993．
文部科学省学校図書館担当職員の役割及びその資質の向上に関する調査研究協力者会議『これからの学校図書館担当職員に求められる役割・職務及びその資質能力の向上方策等について（報告）』2014．
若井彌一監修，高見茂・坂田仰・梅野正信編集委員『必携教職六法：2019年度版』協同出版，2018．

コラム4：学校図書館を使ってもらいたい！　そのために学校司書ができること

　学校司書として働くなかで，私が常に考えていることは，「先生方に学校図書館を使ってもらいたい。そのためには，先生方とどうつながっていくか，どうやって学校図書館の役割を理解してもらうか」ということです。

　初めて勤務した小学校には，それまで学校司書がいなかったため，私が最初に行ったことは蔵書の整備でした。本棚の配置を変え，分類を整え，排架しました。これだけで，子どもたちは「わぁ！　本当の図書館みたい！」と感激してくれたのです。でも，どんなに図書館が美しくなっても，利用してもらえなければ，ただの本の倉庫です。魅力的な本をそろえることで，子どもたちの「読みたい！」という気持ちを刺激することはできます。しかし，さほど本が好きでない子の心を動かすのは，なかなか難しいことです。そういう子たちは，自分から進んで図書館へやってくることは少ないのですから。そんなとき学校司書は，「先生方に授業で利用してほしい」と願うわけです。そのためには，先生方に「図書館を利用しよう」と思ってもらわなければなりません。そこで，まずは，学校司書がどんな仕事をするのか，先生方に向けたお便りを発行してお知らせしました。それから，先生方の打ち合わせで学校図書館のルールや学校司書ができることを説明しました。これは何度か行ううちに，年度初めにさせてもらうのが効果的だと感じました。新転任の先生方へお知らせするのに最適だからです。

　もっとも心がけたことは，先生方とコミュニケーションを図ることです。私の勤務した学校では，週に1回，クラスごとに学校図書館を優先的に利用できる図書の時間がありました。担任がクラスの子どもたちを学校図書館に連れて来てくれるのです。そのとき，子どもたちに向けて読み聞かせや本の紹介などをしますが，おのずと先生も一緒に聞くことになり，学校司書の役割を知ってもらう良い機会になりました。学校司書がどんな本を選んで読み聞かせるのか，子どもたちと何を話しているのか，その様子を見聞きしてくださることで，徐々に先生方と私の距離が縮まったのだと思います。その時間を大切にしながら，いろいろな機会を見つけて先生方とお話するように心がけました。私の勤務時間は6時間（内休憩1時間）でしたので，先生方と話せる時間は限られていましたが，常に意識していれば，機会を見つけコミュニケーションをとることはできます。学校行事にも参加し，研究授業の参観もするようにしていました。

　そのかいあって読書センターとしての学校図書館の利用はすぐにありましたが，情報センターとしての活用がなかなか進みませんでした。そこで，先進的に学校図書館を活用されている先生に講師をお願いし，校内で学習会を開いてもらいました。

コラム４：学校図書館を使ってもらいたい！　そのために学校司書ができること ｜　*187*

　　　　メディアルーム　　　　　　　　　　読み聞かせコーナーで

　実際に学校図書館を活用している先生の声によって，使い方や学校図書館を活用することで育つ力を知ってもらうことができました。くわえて，東京学芸大学附属学校の学校司書のみなさんが運営している「先生のための授業に役立つ学校図書館データベース」もお知らせしました。
　さらには，学校図書館の活用状況の報告書を作り，運営について校長先生と直接意見を交換する機会をもつこともできました。そのことをきっかけに，学校図書館の活用をバックアップしてくださいました。
　現在の勤務校では，学校司書は校務分掌の学習資料部（教育活動を情報面から支える校務分掌で，コンピュータと学校図書館などの管理運営を担当する部）に所属しています。月に一度，会議の時間が設定されており，司書教諭が部長を務め，一緒に考え，その成果を校内に伝えてくれます。学校司書一人の力では，どうにもならないことが多々あります。学校全体で学校図書館をどう活用していくのかを考え，運営できる組織的裏づけの大切さを痛感しています。
　どのような学校図書館を目指すのか，そのためには何を行えばよいのかといったことは，一人で考えていても浮かんできません。勤務している学校が何を目標とし，大切にしているかを常に意識し，いろいろな学校図書館を見て，多くの学校司書の多様な考えを聞くことでイメージをもって仕事ができるでしょう。そのためにもさまざまな研究会や研修会に参加することはお勧めです。学校司書は校内では一人ですが，多くの学校司書が同じような悩みを抱えながら日々頑張っていることを知ることも励みになります。

おわりに

　学校司書には学校および学校教育に関する理解が求められる。すでに14章で詳述したように，2014(平成26)年に文部科学省からだされた『これからの学校図書館担当職員に求められる役割・職務及びその資質能力の向上方策について(報告)』では，学校司書の職務には，①「教育指導への支援」に関する職務，②「直接的支援」に関する職務，③「間接的支援」に関する職務の３つが示されている。

　このうち，①「教育指導への支援」に関する職務は，公共図書館等の他館種では行われない，学校図書館ならではのものである。教員の行う授業の支援を行うわけであるが，学校図書館の専門職としての知識や技能のみならず，学校教育に関する知識と技能を一定程度持ち合わせていなくてはならないということである。

　これを受けて作成された「学校司書のモデルカリキュラム」で，主として①の「教育指導への支援」に関する職務に対応して設けられた科目が「学校教育概論」ということになる。この科目で扱うべき内容として示された７項目と本書の構成との対応を示すと，以下のとおりとなる。

　　１）学校教育の意義と目標　　　　　　　　　　Ⅱ部
　　２）教育行政と学校教育　　　　　　　　　　　Ⅳ部
　　３）教育課程の意義と「学習指導要領」　　　　Ⅲ部
　　４）学校教育と教科書　　　　　　　　　　　　Ⅲ部
　　５）児童生徒の心身の発達と学習過程　　　　　Ⅰ部
　　６）特別の支援を必要とする児童生徒に対する理解　Ⅰ部
　　７）学校教育に関する現代的課題　　　　　　　Ⅳ部

学校司書は，学校教育に携わる職員として，学校教育の意義と目的について知ることは必須である。本書では，教育の本質と共に，日本の教育の思想と歴史および日本の近代教育に大きな影響を与えた西洋の教育思想と歴史について，Ⅱ部で取り上げている。

多くの学校司書が勤務する公立学校は地方公共団体によって設置・運営されている。私立学校も公立学校に準じて運営されている。教育行政と学校教育の関係について知ることは，学校職員の一員として働くために必要なことであり，Ⅳ部で取り扱っている。

　そして，教育課程，「学習指導要領」，教科書についてはⅢ部の教育課程の意義と編成で取り上げている。学校教育の全体計画である教育課程が，その編成基準である「学習指導要領」にもとづいて編成され，学校で行われる授業で使用される主たる教材である教科書もまた「学習指導要領」にもとづいて編集されるため，「学習指導要領」を中心に取り上げた。

　学校司書が学校で日々接する児童生徒は心身の発達途上にある存在である。そのような児童生徒の発達の特性を知ることは「教育指導への支援」に携わるためには必須であり，特に近年関心を集めている特別な教育的ニーズのある児童生徒について知ることも欠かせない。本書では，児童生徒の発達についてⅠ部で述べた。

　本書は，あくまで学校教育について知る第一歩，言い換えれば"入門"である。13章で示したように学校教育の課題は数多く存在する。これからも，社会の動き，とりわけ子どもと学校にかかわる諸課題について関心をもち，学校教育のあり方，そしてそれを支える学校図書館のあり方について，情報を求め，考え続けていただきたい。

2019年3月

編著者　野口　武悟
　　　　鎌田　和宏

[資料1] 　　　　　　　日本国憲法（抄）
　　　　　　　(1946年11月3日公布，1947年5月3日施行)

　　　　　　前　文
　日本国民は，正当に選挙された国会における代表者を通じて行動し，われらとわれらの子孫のために，諸国民との協和による成果と，わが国全土にわたつて自由のもたらす恵沢を確保し，政府の行為によつて再び戦争の惨禍が起ることのないやうにすることを決意し，ここに主権が国民に存することを宣言し，この憲法を確定する。そもそも国政は，国民の厳粛な信託によるものであつて，その権威は国民に由来し，その権力は国民の代表者がこれを行使し，その福利は国民がこれを享受する。これは人類普遍の原理であり，この憲法は，かかる原理に基くものである。われらは，これに反する一切の憲法，法令及び詔勅を排除する。

　日本国民は，恒久の平和を念願し，人間相互の関係を支配する崇高な理想を深く自覚するのであつて，平和を愛する諸国民の公正と信義に信頼して，われらの安全と生存を保持しようと決意した。われらは，平和を維持し，専制と隷従，圧迫と偏狭を地上から永遠に除去しようと努めてゐる国際社会において，名誉ある地位を占めたいと思ふ。われらは，全世界の国民が，ひとしく恐怖と欠乏から免かれ，平和のうちに生存する権利を有することを確認する。

　われらは，いづれの国家も，自国のことのみに専念して他国を無視してはならないのであつて，政治道徳の法則は，普遍的なものであり，この法則に従ふことは，自国の主権を維持し，他国と対等関係に立たうとする各国の責務であると信ずる。

　日本国民は，国家の名誉にかけ，全力をあげてこの崇高な理想と目的を達成することを誓ふ。

　　　第3章　国民の権利及び義務
〔基本的人権〕

第11条　国民は，すべての基本的人権の享有を妨げられない。この憲法が国民に保障する基本的人権は，侵すことのできない永久の権利として，現在及び将来の国民に与へられる。
〔自由及び権利の保持義務と公共福祉性〕
第12条　この憲法が国民に保障する自由及び権利は，国民の不断の努力によつて，これを保持しなければならない。又，国民は，これを濫用してはならないのであつて，常に公共の福祉のためにこれを利用する責任を負ふ。
〔個人の尊重と公共の福祉〕
第13条　すべて国民は，個人として尊重される。生命，自由及び幸福追求に対する国民の権利については，公共の福祉に反しない限り，立法その他の国政の上で，最大の尊重を必要とする。
〔平等原則，貴族制度の否認及び栄典の限界〕
第14条　すべて国民は，法の下に平等であつて，人種，信条，性別，社会的身分又は門地により，政治的，経済的又は社会的関係において，差別されない。
②　華族その他の貴族の制度は，これを認めない。
③　栄誉，勲章その他の栄典の授与は，いかなる特権も伴はない。栄典の授与は，現にこれを有し，又は将来これを受ける者の一代に限り，その効力を有する。
〔公務員の選定罷免権，公務員の本質，普通選挙の保障及び投票秘密の保障〕
第15条　公務員を選定し，及びこれを罷免することは，国民固有の権利である。
②　すべて公務員は，全体の奉仕者であつて，一部の奉仕者ではない。
③　公務員の選挙については，成年者による普通選挙を保障する。

④ すべて選挙における投票の秘密は，これを侵してはならない。選挙人は，その選択に関し公的にも私的にも責任を問はれない。
〔思想及び良心の自由〕
第19条　思想及び良心の自由は，これを侵してはならない。
〔信教の自由〕
第20条　信教の自由は，何人に対してもこれを保障する。いかなる宗教団体も，国から特権を受け，又は政治上の権力を行使してはならない。
② 何人も，宗教上の行為，祝典，儀式又は行事に参加することを強制されない。
③ 国及びその機関は，宗教教育その他いかなる宗教的活動もしてはならない。
〔集会，結社及び表現の自由と通信秘密の保護〕
第21条　集会，結社及び言論，出版その他一切の表現の自由は，これを保障する。
② 検閲は，これをしてはならない。通信の秘密は，これを侵してはならない。
〔居住，移転，職業選択，外国移住及び国籍離脱の自由〕
第22条　何人も，公共の福祉に反しない限り，居住，移転及び職業選択の自由を有する。
2 何人も，外国に移住し，又は国籍を離脱する自由を侵されない。
〔学問の自由〕
第23条　学問の自由は，これを保障する。
〔家族関係における個人の尊厳と両性の平等〕

第24条　婚姻は，両性の合意のみに基いて成立し，夫婦が同等の権利を有することを基本として，相互の協力により，維持されなければならない。
② 配偶者の選択，財産権，相続，住居の選定，離婚並びに婚姻及び家族に関するその他の事項に関しては，法律は，個人の尊厳と両性の本質的平等に立脚して，制定されなければならない。
〔生存権及び国民生活の社会的進歩向上に努める国の義務〕
第25条　すべて国民は，健康で文化的な最低限度の生活を営む権利を有する。
② 国は，すべての生活部面について，社会福祉，社会保障及び公衆衛生の向上及び増進に努めなければならない。
〔教育を受ける権利と受けさせる義務〕
第26条　すべて国民は，法律の定めるところにより，その能力に応じて，ひとしく教育を受ける権利を有する。
② すべて国民は，法律の定めるところにより，その保護する子女に普通教育を受けさせる義務を負ふ。義務教育は，これを無償とする。
〔勤労の権利と義務，勤労条件の基準及び児童酷使の禁止〕
第27条　すべて国民は，勤労の権利を有し，義務を負ふ。
② 賃金，就業時間，休息その他の勤労条件に関する基準は，法律でこれを定める。
③ 児童は，これを酷使してはならない。

[資料２]　　　　　　　　　教育基本法
（2006年12月22日公布・施行，法律第120号）

前　文

　我々日本国民は，たゆまぬ努力によって築いてきた民主的で文化的な国家を更に発展させるとともに，世界の平和と人類の福祉の向上に貢献することを願うものである。

　我々は，この理想を実現するため，個人の尊厳を重んじ，真理と正義を希求し，公共の精神を尊び，豊かな人間性と創造性を備えた人間の育成を期するとともに，伝統を継承し，新しい文化の創造を目指す教育を推進する。

　ここに，我々は，日本国憲法の精神にのっとり，我が国の未来を切り拓く教育の基本を確立し，その振興を図るため，この法律を制定する。

第1章　教育の目的及び理念

（教育の目的）

第1条　教育は，人格の完成を目指し，平和で民主的な国家及び社会の形成者として必要な資質を備えた心身ともに健康な国民の育成を期して行われなければならない。

（教育の目標）

第2条　教育は，その目的を実現するため，学問の自由を尊重しつつ，次に掲げる目標を達成するよう行われるものとする。

　1　幅広い知識と教養を身に付け，真理を求める態度を養い，豊かな情操と道徳心を培うとともに，健やかな身体を養うこと。

　2　個人の価値を尊重して，その能力を伸ばし，創造性を培い，自主及び自律の精神を養うとともに，職業及び生活との関連を重視し，勤労を重んずる態度を養うこと。

　3　正義と責任，男女の平等，自他の敬愛と協力を重んずるとともに，公共の精神に基づき，主体的に社会の形成に参画し，その発展に寄与する態度を養うこと。

　4　生命を尊び，自然を大切にし，環境の保全に寄与する態度を養うこと。

　5　伝統と文化を尊重し，それらをはぐくんできた我が国と郷土を愛するとともに，他国を尊重し，国際社会の平和と発展に寄与する態度を養うこと。

（生涯学習の理念）

第3条　国民一人一人が，自己の人格を磨き，豊かな人生を送ることができるよう，その生涯にわたって，あらゆる機会に，あらゆる場所において学習することができ，その成果を適切に生かすことのできる社会の実現が図られなければならない。

（教育の機会均等）

第4条　すべて国民は，ひとしく，その能力に応じた教育を受ける機会を与えられなければならず，人種，信条，性別，社会的身分，経済的地位又は門地によって，教育上差別されない。

②　国及び地方公共団体は，障害のある者が，その障害の状態に応じ，十分な教育を受けられるよう，教育上必要な支援を講じなければならない。

③　国及び地方公共団体は，能力があるにもかかわらず，経済的理由によって修学が困難な者に対して，奨学の措置を講じなければならない。

第2章　教育の実施に関する基本

（義務教育）

第5条　国民は，その保護する子に，別に法律で定めるところにより，普通教育を受けさせる義務を負う。

②　義務教育として行われる普通教育は，各個人の有する能力を伸ばしつつ社会において自立的に生きる基礎を培い，また，国家及び社会の形成者として必要とされる基本的な資質を養うことを目的として行われるものとする。

③　国及び地方公共団体は，義務教育の機会

を保障し，その水準を確保するため，適切な役割分担及び相互の協力の下，その実施に責任を負う。
④　国又は地方公共団体の設置する学校における義務教育については，授業料を徴収しない。

(学校教育)
第6条　法律に定める学校は，公の性質を有するものであって，国，地方公共団体及び法律に定める法人のみが，これを設置することができる。
②　前項の学校においては，教育の目標が達成されるよう，教育を受ける者の心身の発達に応じて，体系的な教育が組織的に行われなければならない。この場合において，教育を受ける者が，学校生活を営む上で必要な規律を重んずるとともに，自ら進んで学習に取り組む意欲を高めることを重視して行われなければならない。

(大学)
第7条　大学は，学術の中心として，高い教養と専門的能力を培うとともに，深く真理を探究して新たな知見を創造し，これらの成果を広く社会に提供することにより，社会の発展に寄与するものとする。
②　大学については，自主性，自律性その他の大学における教育及び研究の特性が尊重されなければならない。

(私立学校)
第8条　私立学校の有する公の性質及び学校教育において果たす重要な役割にかんがみ，国及び地方公共団体は，その自主性を尊重しつつ，助成その他の適当な方法によって私立学校教育の振興に努めなければならない。

(教員)
第9条　法律に定める学校の教員は，自己の崇高な使命を深く自覚し，絶えず研究と修養に励み，その職責の遂行に努めなければならない。
②　前項の教員については，その使命と職責の重要性にかんがみ，その身分は尊重され，待遇の適正が期せられるとともに，養成と研修の充実が図られなければならない。

(家庭教育)
第10条　父母その他の保護者は，子の教育について第一義的責任を有するものであって，生活のために必要な習慣を身に付けさせるとともに，自立心を育成し，心身の調和のとれた発達を図るよう努めるものとする。
②　国及び地方公共団体は，家庭教育の自主性を尊重しつつ，保護者に対する学習の機会及び情報の提供その他の家庭教育を支援するために必要な施策を講ずるよう努めなければならない。

(幼児期の教育)
第11条　幼児期の教育は，生涯にわたる人格形成の基礎を培う重要なものであることにかんがみ，国及び地方公共団体は，幼児の健やかな成長に資する良好な環境の整備その他適当な方法によって，その振興に努めなければならない。

(社会教育)
第12条　個人の要望や社会の要請にこたえ，社会において行われる教育は，国及び地方公共団体によって奨励されなければならない。
②　国及び地方公共団体は，図書館，博物館，公民館その他の社会教育施設の設置，学校の施設の利用，学習の機会及び情報の提供その他の適当な方法によって社会教育の振興に努めなければならない。

(学校，家庭及び地域住民等の相互の連携協力)
第13条　学校，家庭及び地域住民その他の関係者は，教育におけるそれぞれの役割と責任を自覚するとともに，相互の連携及び協力に努めるものとする。

(政治教育)
第14条　良識ある公民として必要な政治的教養は，教育上尊重されなければならない。
②　法律に定める学校は，特定の政党を支持

し，又はこれに反対するための政治教育その他政治的活動をしてはならない。
（宗教教育）
第15条 宗教に関する寛容の態度，宗教に関する一般的な教養及び宗教の社会生活における地位は，教育上尊重されなければならない。
② 国及び地方公共団体が設置する学校は，特定の宗教のための宗教教育その他宗教的活動をしてはならない。

第3章 教育行政

（教育行政）
第16条 教育は，不当な支配に服することなく，この法律及び他の法律の定めるところにより行われるべきものであり，教育行政は，国と地方公共団体との適切な役割分担及び相互の協力の下，公正かつ適正に行われなければならない。
② 国は，全国的な教育の機会均等と教育水準の維持向上を図るため，教育に関する施策を総合的に策定し，実施しなければならない。
③ 地方公共団体は，その地域における教育の振興を図るため，その実情に応じた教育に関する施策を策定し，実施しなければならない。
④ 国及び地方公共団体は，教育が円滑かつ継続的に実施されるよう，必要な財政上の措置を講じなければならない。

（教育振興基本計画）
第17条 政府は，教育の振興に関する施策の総合的かつ計画的な推進を図るため，教育の振興に関する施策についての基本的な方針及び講ずべき施策その他必要な事項について，基本的な計画を定め，これを国会に報告するとともに，公表しなければならない。
② 地方公共団体は，前項の計画を参酌し，その地域の実情に応じ，当該地方公共団体における教育の振興のための施策に関する基本的な計画を定めるよう努めなければならない。

第4章 法令の制定

第18条 この法律に規定する諸条項を実施するため，必要な法令が制定されなければならない。

[資料３] 学校教育法（抄）

(1947年3月31日公布・同年4月1日施行，法律第26号)
(2018年6月1日改正，2019年4月1日施行，法律第39号)

第1章　総則

（学校の範囲）

第1条　この法律で，学校とは，幼稚園，小学校，中学校，義務教育学校，高等学校，中等教育学校，特別支援学校，大学及び高等専門学校とする。

（児童生徒等の懲戒）

第11条　校長及び教員は，教育上必要があると認めるときは，文部科学大臣の定めるところにより，児童，生徒及び学生に懲戒を加えることができる。ただし，体罰を加えることはできない。

第2章　義務教育

（普通教育を受けさせる義務）

第16条　保護者（子に対して親権を行う者（親権を行う者のないときは，未成年後見人）をいう。以下同じ。）は，次条に定めるところにより，子に9年の普通教育を受けさせる義務を負う。

（小学校等に就学させる義務）

第17条　保護者は，子の満6歳に達した日の翌日以後における最初の学年の初めから，満12歳に達した日の属する学年の終わりまで，これを小学校，義務教育学校の前期課程又は特別支援学校の小学部に就学させる義務を負う。ただし，子が，満12歳に達した日の属する学年の終わりまでに小学校の課程，義務教育学校の前期課程又は特別支援学校の小学部の課程を修了しないときは，満15歳に達した日の属する学年の終わり（それまでの間においてこれらの課程を修了したときは，その修了した日の属する学年の終わり）までとする。

② 保護者は，子が小学校の課程，義務教育学校の前期課程又は特別支援学校の小学部の課程を修了した日の翌日以後における最初の学年の初めから，満15歳に達した日の属する学年の終わりまで，これを中学校，義務教育学校の後期課程，中等教育学校の前期課程又は特別支援学校の中学部に就学させる義務を負う。

③ 前2項の義務の履行の督促その他これらの義務の履行に関し必要な事項は，政令で定める。

（教育の目標）

第21条　義務教育として行われる普通教育は，教育基本法（平成18年法律第120号）第5条第2項に規定する目的を実現するため，次に掲げる目標を達成するよう行われるものとする。

1　学校内外における社会的活動を促進し，自主，自律及び協同の精神，規範意識，公正な判断力並びに公共の精神に基づき主体的に社会の形成に参画し，その発展に寄与する態度を養うこと。
2　学校内外における自然体験活動を促進し，生命及び自然を尊重する精神並びに環境の保全に寄与する態度を養うこと。
3　我が国と郷土の現状と歴史について，正しい理解に導き，伝統と文化を尊重し，それらをはぐくんできた我が国と郷土を愛する態度を養うとともに，進んで外国の文化の理解を通じて，他国を尊重し，国際社会の平和と発展に寄与する態度を養うこと。
4　家族と家庭の役割，生活に必要な衣，食，住，情報，産業その他の事項について基礎的な理解と技能を養うこと。
5　読書に親しませ，生活に必要な国語を正しく理解し，使用する基礎的な能力を養うこと。
6　生活に必要な数量的な関係を正しく理解し，処理する基礎的な能力を養うこと。
7　生活にかかわる自然現象について，観

察及び実験を通じて，科学的に理解し，処理する基礎的な能力を養うこと。
8 健康，安全で幸福な生活のために必要な習慣を養うとともに，運動を通じて体力を養い，心身の調和的発達を図ること。
9 生活を明るく豊かにする音楽，美術，文芸その他の芸術について基礎的な理解と技能を養うこと。
10 職業についての基礎的な知識と技能，勤労を重んずる態度及び個性に応じて将来の進路を選択する能力を養うこと。

第4章 小学校
（小学校の目的）
第29条 小学校は，心身の発達に応じて，義務教育として行われる普通教育のうち基礎的なものを施すことを目的とする。
（小学校教育の目標）
第30条 小学校における教育は，前条に規定する目的を実現するために必要な程度において第21条各号に掲げる目標を達成するよう行われるものとする。
② 前項の場合においては，生涯にわたり学習する基盤が培われるよう，基礎的な知識及び技能を習得させるとともに，これらを活用して課題を解決するために必要な思考力，判断力，表現力その他の能力をはぐくみ，主体的に学習に取り組む態度を養うことに，特に意を用いなければならない。
（修業年限）
第32条 小学校の修業年限は，6年とする。
（教育課程）
第33条 小学校の教育課程に関する事項は，第29条及び第30条の規定に従い，文部科学大臣が定める。
（教科書）
第34条 小学校においては，文部科学大臣の検定を経た教科用図書又は文部科学省が著作の名義を有する教科用図書を使用しなければならない。
② 前項に規定する教科用図書（以下この条において「教科用図書」という。）の内容を文部科学大臣の定めるところにより記録した電磁的記録（電子的方式，磁気的方式その他人の知覚によつては認識することができない方式で作られる記録であつて，電子計算機による情報処理の用に供されるものをいう。）である教材がある場合には，同項の規定にかかわらず，文部科学大臣の定めるところにより，児童の教育の充実を図るため必要があると認められる教育課程の一部において，教科用図書に代えて当該教材を使用することができる。
③ 前項に規定する場合において，視覚障害，発達障害その他の文部科学大臣の定める事由により教科用図書を使用して学習することが困難な児童に対し，教科用図書に用いられた文字，図形等の拡大又は音声への変換その他の同項に規定する教材を電子計算機において用いることにより可能となる方法で指導することにより当該児童の学習上の困難の程度を低減させる必要があると認められるときは，文部科学大臣の定めるところにより，教育課程の全部又は一部において，教科用図書に代えて当該教材を使用することができる。
④ 教科用図書及び第2項に規定する教材以外の教材で，有益適切なものは，これを使用することができる。
⑤ 第1項の検定の申請に係る教科用図書に関し調査審議させるための審議会等（国家行政組織法（昭和23年法律第120号）第8条に規定する機関をいう。以下同じ。）については，政令で定める。
（教職員）
第37条 小学校には，校長，教頭，教諭，養護教諭及び事務職員を置かなければならない。
② 小学校には，前項に規定するもののほか，副校長，主幹教諭，指導教諭，栄養教諭その他必要な職員を置くことができる。
③ 第一項の規定にかかわらず，副校長を置くときその他特別の事情のあるときは教頭

を，養護をつかさどる主幹教諭を置くときは養護教諭を，特別の事情のあるときは事務職員を，それぞれ置かないことができる。
④　校長は，校務をつかさどり，所属職員を監督する。
⑤　副校長は，校長を助け，命を受けて校務をつかさどる。
⑥　副校長は，校長に事故があるときはその職務を代理し，校長が欠けたときはその職務を行う。この場合において，副校長が2人以上あるときは，あらかじめ校長が定めた順序で，その職務を代理し，又は行う。
⑦　教頭は，校長（副校長を置く小学校にあつては，校長及び副校長）を助け，校務を整理し，及び必要に応じ児童の教育をつかさどる。
⑧　教頭は，校長（副校長を置く小学校にあつては，校長及び副校長）に事故があるときは校長の職務を代理し，校長（副校長を置く小学校にあつては，校長及び副校長）が欠けたときは校長の職務を行う。この場合において，教頭が2人以上あるときは，あらかじめ校長が定めた順序で，校長の職務を代理し，又は行う。
⑨　主幹教諭は，校長（副校長を置く小学校にあつては，校長及び副校長）及び教頭を助け，命を受けて校務の一部を整理し，並びに児童の教育をつかさどる。
⑩　指導教諭は，児童の教育をつかさどり，並びに教諭その他の職員に対して，教育指導の改善及び充実のために必要な指導及び助言を行う。
⑪　教諭は，児童の教育をつかさどる。
⑫　養護教諭は，児童の養護をつかさどる。
⑬　栄養教諭は，児童の栄養の指導及び管理をつかさどる。
⑭　事務職員は，事務をつかさどる。
⑮　助教諭は，教諭の職務を助ける。
⑯　講師は，教諭又は助教諭に準ずる職務に従事する。
⑰　養護助教諭は，養護教諭の職務を助ける。
⑱　特別の事情のあるときは，第1項の規定にかかわらず，教諭に代えて助教諭又は講師を，養護教諭に代えて養護助教諭を置くことができる。
⑲　学校の実情に照らし必要があると認めるときは，第9項の規定にかかわらず，校長（副校長を置く小学校にあつては，校長及び副校長）及び教頭を助け，命を受けて校務の一部を整理し，並びに児童の養護又は栄養の指導及び管理をつかさどる主幹教諭を置くことができる。

第5章　中学校
（中学校の目的）
第45条　中学校は，小学校における教育の基礎の上に，心身の発達に応じて，義務教育として行われる普通教育を施すことを目的とする。
（中学校教育の目標）
第46条　中学校における教育は，前条に規定する目的を実現するため，第21条各号に掲げる目標を達成するよう行われるものとする。
（修業年限）
第47条　中学校の修業年限は，3年とする。

第5章の2　義務教育学校
（義務教育学校の目的）
第49条の2　義務教育学校は，心身の発達に応じて，義務教育として行われる普通教育を基礎的なものから一貫して施すことを目的とする。
（義務教育学校の目標）
第49条の3　義務教育学校における教育は，前条に規定する目的を実現するため，第21条各号に掲げる目標を達成するよう行われるものとする。
（修業年限）
第49条の4　義務教育学校の修業年限は，9年とする。

第6章　高等学校
（高等学校の目的）
第50条　高等学校は，中学校における教育

の基礎の上に，心身の発達及び進路に応じて，高度な普通教育及び専門教育を施すことを目的とする。

(高等学校の目標)

第51条 高等学校における教育は，前条に規定する目的を実現するため，次に掲げる目標を達成するよう行われるものとする。
1. 義務教育として行われる普通教育の成果を更に発展拡充させて，豊かな人間性，創造性及び健やかな身体を養い，国家及び社会の形成者として必要な資質を養うこと。
2. 社会において果たさなければならない使命の自覚に基づき，個性に応じて将来の進路を決定させ，一般的な教養を高め，専門的な知識，技術及び技能を習得させること。
3. 個性の確立に努めるとともに，社会について，広く深い理解と健全な批判力を養い，社会の発展に寄与する態度を養うこと。

第7章　中等教育学校

(中等教育学校の目的)

第63条 中等教育学校は，小学校における教育の基礎の上に，心身の発達及び進路に応じて，義務教育として行われる普通教育並びに高度な普通教育及び専門教育を一貫して施すことを目的とする。

(中等教育学校の目標)

第64条 中等教育学校における教育は，前条に規定する目的を実現するため，次に掲げる目標を達成するよう行われるものとする。
1. 豊かな人間性，創造性及び健やかな身体を養い，国家及び社会の形成者として必要な資質を養うこと。
2. 社会において果たさなければならない使命の自覚に基づき，個性に応じて将来の進路を決定させ，一般的な教養を高め，専門的な知識，技術及び技能を習得させること。
3. 個性の確立に努めるとともに，社会について，広く深い理解と健全な批判力を養い，社会の発展に寄与する態度を養うこと。

(修業年限)

第65条 中等教育学校の修業年限は，6年とする。

第8章　特別支援教育

(特別支援学校の目的)

第72条 特別支援学校は，視覚障害者，聴覚障害者，知的障害者，肢体不自由者又は病弱者（身体虚弱者を含む。以下同じ。）に対して，幼稚園，小学校，中学校又は高等学校に準ずる教育を施すとともに，障害による学習上又は生活上の困難を克服し自立を図るために必要な知識技能を授けることを目的とする。

(特別支援学級)

第81条 幼稚園，小学校，中学校，義務教育学校，高等学校及び中等教育学校においては，次項各号のいずれかに該当する幼児，児童及び生徒その他教育上特別の支援を必要とする幼児，児童及び生徒に対し，文部科学大臣の定めるところにより，障害による学習上又は生活上の困難を克服するための教育を行うものとする。
② 小学校，中学校，義務教育学校，高等学校及び中等教育学校には，次の各号のいずれかに該当する児童及び生徒のために，特別支援学級を置くことができる。
1. 知的障害者
2. 肢体不自由者
3. 身体虚弱者
4. 弱視者
5. 難聴者
6. その他障害のある者で，特別支援学級において教育を行うことが適当なもの

③ 前項に規定する学校においては，疾病により療養中の児童及び生徒に対して，特別支援学級を設け，又は教員を派遣して，教育を行うことができる。

[資料4] 　　　　　小学校学習指導要領　総則（抄）
(2017年3月31日，文部科学省告示第63号)

第1章　総則
第Ⅰ　小学校教育の基本と教育課程の役割

1　各学校においては，教育基本法及び学校教育法その他の法令並びにこの章以下に示すところに従い，児童の人間として調和のとれた育成を目指し，児童の心身の発達の段階や特性及び学校や地域の実態を十分考慮して，適切な教育課程を編成するものとし，これらに掲げる目標を達成するよう教育を行うものとする。

2　学校の教育活動を進めるに当たっては，各学校において，第3の1に示す主体的・対話的で深い学びの実現に向けた授業改善を通して，創意工夫を生かした特色ある教育活動を展開する中で，次の(1)から(3)までに掲げる事項の実現を図り，児童に生きる力を育むことを目指すものとする。

(1)　基礎的・基本的な知識及び技能を確実に習得させ，これらを活用して課題を解決するために必要な思考力，判断力，表現力等を育むとともに，主体的に学習に取り組む態度を養い，個性を生かし多様な人々との協働を促す教育の充実に努めること。その際，児童の発達の段階を考慮して，児童の言語活動など，学習の基盤をつくる活動を充実するとともに，家庭との連携を図りながら，児童の学習習慣が確立するよう配慮すること。

(2)　道徳教育や体験活動，多様な表現や鑑賞の活動等を通して，豊かな心や創造性の涵養を目指した教育の充実に努めること。学校における道徳教育は，特別の教科である道徳（以下「道徳科」という。）を要として学校の教育活動全体を通じて行うものであり，道徳科はもとより，各教科，外国語活動，総合的な学習の時間及び特別活動のそれぞれの特質に応じて，児童の発達の段階を考慮して，適切な指導を行うこと。

　道徳教育は，教育基本法及び学校教育法に定められた教育の根本精神に基づき，自己の生き方を考え，主体的な判断の下に行動し，自立した人間として他者と共によりよく生きるための基盤となる道徳性を養うことを目標とすること。

　道徳教育を進めるに当たっては，人間尊重の精神と生命に対する畏敬の念を家庭，学校，その他社会における具体的な生活の中に生かし，豊かな心をもち，伝統と文化を尊重し，それらを育んできた我が国と郷土を愛し，個性豊かな文化の創造を図るとともに，平和で民主的な国家及び社会の形成者として，公共の精神を尊び，社会及び国家の発展に努め，他国を尊重し，国際社会の平和と発展や環境の保全に貢献し未来を拓く主体性のある日本人の育成に資することとなるよう特に留意すること。

(3)　学校における体育・健康に関する指導を，児童の発達の段階を考慮して，学校の教育活動全体を通じて適切に行うことにより，健康で安全な生活と豊かなスポーツライフの実現を目指した教育の充実に努めること。特に，学校における食育の推進並びに体力の向上に関する指導，安全に関する指導及び心身の健康の保持増進に関する指導については，体育科，家庭科及び特別活動の時間はもとより，各教科，道徳科，外国語活動及び総合的な学習の時間などにおいてもそれぞれの特質に応じて適切に行うよう努めること。また，それらの指導を通して，家庭や地域社会との連携を図りながら，日常生活において適切な体育・健康に関する活動の実践を促し，生涯を通じて健康・安全で活力ある生活を送るための基礎が培わ

れるよう配慮すること。
3　2の(1)から(3)までに掲げる事項の実現を図り，豊かな創造性を備え持続可能な社会の創り手となることが期待される児童に，生きる力を育むことを目指すに当たっては，学校教育全体並びに各教科，道徳科，外国語活動，総合的な学習の時間及び特別活動（以下「各教科等」という。ただし，第2の3の(2)のア及びウにおいて，特別活動については学級活動（学校給食に係るものを除く。）に限る。）の指導を通してどのような資質・能力の育成を目指すのかを明確にしながら，教育活動の充実を図るものとする。その際，児童の発達の段階や特性等を踏まえつつ，次に掲げることが偏りなく実現できるようにするものとする。
　(1)　知識及び技能が習得されるようにすること。
　(2)　思考力，判断力，表現力等を育成すること。
　(3)　学びに向かう力，人間性等を涵養すること。
4　各学校においては，児童や学校，地域の実態を適切に把握し，教育の目的や目標の実現に必要な教育の内容等を教科等横断的な視点で組み立てていくこと，教育課程の実施状況を評価してその改善を図っていくこと，教育課程の実施に必要な人的又は物的な体制を確保するとともにその改善を図っていくことなどを通して，教育課程に基づき組織的かつ計画的に各学校の教育活動の質の向上を図っていくこと（以下「カリキュラム・マネジメント」という。）に努めるものとする。

第2　教育課程の編成

1　各学校の教育目標と教育課程の編成
　教育課程の編成に当たっては，学校教育全体や各教科等における指導を通して育成を目指す資質・能力を踏まえつつ，各学校の教育目標を明確にするとともに，教育課程の編成についての基本的な方針が家庭や地域とも共有されるよう努めるものとする。その際，第5章総合的な学習の時間の第2の1に基づき定められる目標との関連を図るものとする。
2　教科等横断的な視点に立った資質・能力の育成
　(1)　各学校においては，児童の発達の段階を考慮し，言語能力，情報活用能力（情報モラルを含む。），問題発見・解決能力等の学習の基盤となる資質・能力を育成していくことができるよう，各教科等の特質を生かし，教科等横断的な視点から教育課程の編成を図るものとする。
　(2)　各学校においては，児童や学校，地域の実態及び児童の発達の段階を考慮し，豊かな人生の実現や災害等を乗り越えて次代の社会を形成することに向けた現代的な諸課題に対応して求められる資質・能力を，教科等横断的な視点で育成していくことができるよう，各学校の特色を生かした教育課程の編成を図るものとする。
3　教育課程の編成における共通的事項
　(1)　内容等の取扱い
　　ア　第2章以下に示す各教科，道徳科，外国語活動及び特別活動の内容に関する事項は，特に示す場合を除き，いずれの学校においても取り扱わなければならない。
　　イ　学校において特に必要がある場合には，第2章以下に示していない内容を加えて指導することができる。また，第2章以下に示す内容の取扱いのうち内容の範囲や程度等を示す事項は，全ての児童に対して指導するものとする内容の範囲や程度等を示したものであり，学校において特に必要がある場合には，この事項にかかわらず加えて指導することができる。ただし，これらの場合には，第2章以下に示す各教科，道徳科，外国語活動及び特別活動の目標や内容の趣旨を逸脱したり，児童の

負担過重となったりすることのないようにしなければならない。
　　ウ　第2章以下に示す各教科，道徳科，外国語活動及び特別活動の内容に掲げる事項の順序は，特に示す場合を除き，指導の順序を示すものではないので，学校においては，その取扱いについて適切な工夫を加えるものとする。
　　エ　学年の内容を2学年まとめて示した教科及び外国語活動の内容は，2学年間かけて指導する事項を示したものである。各学校においては，これらの事項を児童や学校，地域の実態に応じ，2学年間を見通して計画的に指導することとし，特に示す場合を除き，いずれかの学年に分けて，又はいずれの学年においても指導するものとする。
　　オ　学校において2以上の学年の児童で編制する学級について特に必要がある場合には，各教科及び道徳科の目標の達成に支障のない範囲内で，各教科及び道徳科の目標及び内容について学年別の順序によらないことができる。
　　カ　道徳科を要として学校の教育活動全体を通じて行う道徳教育の内容は，第3章特別の教科道徳の第2に示す内容とし，その実施に当たっては，第6に示す道徳教育に関する配慮事項を踏まえるものとする。
　(2)　授業時数等の取扱い
　　ア　各教科等の授業は，年間35週（第1学年については34週）以上にわたって行うよう計画し，週当たりの授業時数が児童の負担過重にならないようにするものとする。ただし，各教科等や学習活動の特質に応じ効果的な場合には，夏季，冬季，学年末等の休業日の期間に授業日を設定する場合を含め，これらの授業を特定の期間に行うことができる。
　　イ　特別活動の授業のうち，児童会活動，クラブ活動及び学校行事については，それらの内容に応じ，年間，学期ごと，月ごとなどに適切な授業時数を充てるものとする。
　　ウ　各学校の時間割については，次の事項を踏まえ適切に編成するものとする。
　　　(ｱ)　各教科等のそれぞれの授業の1単位時間は，各学校において，各教科等の年間授業時数を確保しつつ，児童の発達の段階及び各教科等や学習活動の特質を考慮して適切に定めること。
　　　(ｲ)　各教科等の特質に応じ，10分から15分程度の短い時間を活用して特定の教科等の指導を行う場合において，教師が，単元や題材など内容や時間のまとまりを見通した中で，その指導内容の決定や指導の成果の把握と活用等を責任をもって行う体制が整備されているときは，その時間を当該教科等の年間授業時数に含めることができること。
　　　(ｳ)　給食，休憩などの時間については，各学校において工夫を加え，適切に定めること。
　　　(ｴ)　各学校において，児童や学校，地域の実態，各教科等や学習活動の特質等に応じて，創意工夫を生かした時間割を弾力的に編成できること。
　　エ　総合的な学習の時間における学習活動により，特別活動の学校行事に掲げる各行事の実施と同様の成果が期待できる場合においては，総合的な学習の時間における学習活動をもって相当する特別活動の学校行事に掲げる各行事の実施に替えることができる。
　(3)　指導計画の作成等に当たっての配慮事項
　　各学校においては，次の事項に配慮しながら，学校の創意工夫を生かし，全体として，調和のとれた具体的な指導計画

を作成するものとする。
　ア　各教科等の指導内容については，(1)のアを踏まえつつ，単元や題材など内容や時間のまとまりを見通しながら，そのまとめ方や重点の置き方に適切な工夫を加え，第3の1に示す主体的・対話的で深い学びの実現に向けた授業改善を通して資質・能力を育む効果的な指導ができるようにすること。
　イ　各教科等及び各学年相互間の関連を図り，系統的，発展的な指導ができるようにすること。
　ウ　学年の内容を2学年まとめて示した教科及び外国語活動については，当該学年間を見通して，児童や学校，地域の実態に応じ，児童の発達の段階を考慮しつつ，効果的，段階的に指導するようにすること。
　エ　児童の実態等を考慮し，指導の効果を高めるため，児童の発達の段階や指導内容の関連性等を踏まえつつ，合科的・関連的な指導を進めること。
4　学校段階等間の接続
　教育課程の編成に当たっては，次の事項に配慮しながら，学校段階等間の接続を図るものとする。
　(1)　幼児期の終わりまでに育ってほしい姿を踏まえた指導を工夫することにより，幼稚園教育要領等に基づく幼児期の教育を通して育まれた資質・能力を踏まえて教育活動を実施し，児童が主体的に自己を発揮しながら学びに向かうことが可能となるようにすること。
　　　また，低学年における教育全体において，例えば生活科において育成する自立し生活を豊かにしていくための資質・能力が，他教科等の学習においても生かされるようにするなど，教科間の関連を積極的に図り，幼児期の教育及び中学年以降の教育との円滑な接続が図られるよう工夫すること。特に，小学校入学当初においては，幼児期において自発的な活動としての遊びを通して育まれてきたことが，各教科等における学習に円滑に接続されるよう，生活科を中心に，合科的・関連的な指導や弾力的な時間割の設定など，指導の工夫や指導計画の作成を行うこと。
　(2)　中学校学習指導要領及び高等学校学習指導要領を踏まえ，中学校教育及びその後の教育との円滑な接続が図られるよう工夫すること。特に，義務教育学校，中学校連携型小学校及び中学校併設型小学校においては，義務教育9年間を見通した計画的かつ継続的な教育課程を編成すること。

第3　教育課程の実施と学習評価
1　主体的・対話的で深い学びの実現に向けた授業改善　各教科等の指導に当たっては，次の事項に配慮するものとする。
　(1)　第1の3の(1)から(3)までに示すことが偏りなく実現されるよう，単元や題材など内容や時間のまとまりを見通しながら，児童の主体的・対話的で深い学びの実現に向けた授業改善を行うこと。
　　　特に，各教科等において身に付けた知識及び技能を活用したり，思考力，判断力，表現力等や学びに向かう力，人間性等を発揮させたりして，学習の対象となる物事を捉え思考することにより，各教科等の特質に応じた物事を捉える視点や考え方（以下「見方・考え方」という。）が鍛えられていくことに留意し，児童が各教科等の特質に応じた見方・考え方を働かせながら，知識を相互に関連付けてより深く理解したり，情報を精査して考えを形成したり，問題を見いだして解決策を考えたり，思いや考えを基に創造したりすることに向かう過程を重視した学習の充実を図ること。
　(2)　第2の2の(1)に示す言語能力の育成を図るため，各学校において必要な言語環

小学校学習指導要領　総則（抄）　｜　203

境を整えるとともに，国語科を要としつつ各教科等の特質に応じて，児童の言語活動を充実すること。あわせて，(7)に示すとおり読書活動を充実すること。
(3) 第2の2の(1)に示す情報活用能力の育成を図るため，各学校において，コンピュータや情報通信ネットワークなどの情報手段を活用するために必要な環境を整え，これらを適切に活用した学習活動の充実を図ること。また，各種の統計資料や新聞，視聴覚教材や教育機器などの教材・教具の適切な活用を図ること。あわせて，各教科等の特質に応じて，次の学習活動を計画的に実施すること。
　ア　児童がコンピュータで文字を入力するなどの学習の基盤として必要となる情報手段の基本的な操作を習得するための学習活動
　イ　児童がプログラミングを体験しながら，コンピュータに意図した処理を行わせるために必要な論理的思考力を身に付けるための学習活動
(4) 児童が学習の見通しを立てたり学習したことを振り返ったりする活動を，計画的に取り入れるように工夫すること。
(5) 児童が生命の有限性や自然の大切さ，主体的に挑戦してみることや多様な他者と協働することの重要性などを実感しながら理解することができるよう，各教科等の特質に応じた体験活動を重視し，家庭や地域社会と連携しつつ体系的・継続的に実施できるよう工夫すること。
(6) 児童が自ら学習課題や学習活動を選択する機会を設けるなど，児童の興味・関心を生かした自主的，自発的な学習が促されるよう工夫すること。
(7) 学校図書館を計画的に利用しその機能の活用を図り，児童の主体的・対話的で深い学びの実現に向けた授業改善に生かすとともに，児童の自主的，自発的な学習活動や読書活動を充実すること。また，

地域の図書館や博物館，美術館，劇場，音楽堂等の施設の活用を積極的に図り，資料を活用した情報の収集や鑑賞等の学習活動を充実すること。
2　学習評価の充実　学習評価の実施に当たっては，次の事項に配慮するものとする。
(1) 児童のよい点や進歩の状況などを積極的に評価し，学習したことの意義や価値を実感できるようにすること。また，各教科等の目標の実現に向けた学習状況を把握する観点から，単元や題材など内容や時間のまとまりを見通しながら評価の場面や方法を工夫して，学習の過程や成果を評価し，指導の改善や学習意欲の向上を図り，資質・能力の育成に生かすようにすること。
(2) 創意工夫の中で学習評価の妥当性や信頼性が高められるよう，組織的かつ計画的な取組を推進するとともに，学年や学校段階を越えて児童の学習の成果が円滑に接続されるように工夫すること。

第4　児童の発達の支援

1　児童の発達を支える指導の充実　教育課程の編成及び実施に当たっては，次の事項に配慮するものとする。
(1) 学習や生活の基盤として，教師と児童との信頼関係及び児童相互のよりよい人間関係を育てるため，日頃から学級経営の充実を図ること。また，主に集団の場面で必要な指導や援助を行うガイダンスと，個々の児童の多様な実態を踏まえ，一人一人が抱える課題に個別に対応した指導を行うカウンセリングの双方により，児童の発達を支援すること。あわせて，小学校の低学年，中学年，高学年の学年の時期の特長を生かした指導の工夫を行うこと。
(2) 児童が，自己の存在感を実感しながら，よりよい人間関係を形成し，有意義で充実した学校生活を送る中で，現在及び将来における自己実現を図っていくことが

できるよう，児童理解を深め，学習指導と関連付けながら，生徒指導の充実を図ること。
(3) 児童が，学ぶことと自己の将来とのつながりを見通しながら，社会的・職業的自立に向けて必要な基盤となる資質・能力を身に付けていくことができるよう，特別活動を要としつつ各教科等の特質に応じて，キャリア教育の充実を図ること。
(4) 児童が，基礎的・基本的な知識及び技能の習得も含め，学習内容を確実に身に付けることができるよう，児童や学校の実態に応じ，個別学習やグループ別学習，繰り返し学習，学習内容の習熟の程度に応じた学習，児童の興味・関心等に応じた課題学習，補充的な学習や発展的な学習などの学習活動を取り入れることや，教師間の協力による指導体制を確保することなど，指導方法や指導体制の工夫改善により，個に応じた指導の充実を図ること。その際，第3の1の(3)に示す情報手段や教材・教具の活用を図ること。
2 特別な配慮を必要とする児童への指導
 (1) 障害のある児童などへの指導
  ア 障害のある児童などについては，特別支援学校等の助言又は援助を活用しつつ，個々の児童の障害の状態等に応じた指導内容や指導方法の工夫を組織的かつ計画的に行うものとする。
  イ 特別支援学級において実施する特別の教育課程については，次のとおり編成するものとする。
   ㈠ 障害による学習上又は生活上の困難を克服し自立を図るため，特別支援学校小学部・中学部学習指導要領第7章に示す自立活動を取り入れること。
   ㈡ 児童の障害の程度や学級の実態等を考慮の上，各教科の目標や内容を下学年の教科の目標や内容に替えたり，各教科を，知的障害者である児童に対する教育を行う特別支援学校の各教科に替えたりするなどして，実態に応じた教育課程を編成すること。
  ウ 障害のある児童に対して，通級による指導を行い，特別の教育課程を編成する場合には，特別支援学校小学部・中学部学習指導要領第7章に示す自立活動の内容を参考とし，具体的な目標や内容を定め，指導を行うものとする。その際，効果的な指導が行われるよう，各教科等と通級による指導との関連を図るなど，教師間の連携に努めるものとする。
  エ 障害のある児童などについては，家庭，地域及び医療や福祉，保健，労働等の業務を行う関係機関との連携を図り，長期的な視点で児童への教育的支援を行うために，個別の教育支援計画を作成し活用することに努めるとともに，各教科等の指導に当たって，個々の児童の実態を的確に把握し，個別の指導計画を作成し活用することに努めるものとする。特に，特別支援学級に在籍する児童や通級による指導を受ける児童については，個々の児童の実態を的確に把握し，個別の教育支援計画や個別の指導計画を作成し，効果的に活用するものとする。
 (2) 海外から帰国した児童などの学校生活への適応や，日本語の習得に困難のある児童に対する日本語指導
  ア 海外から帰国した児童などについては，学校生活への適応を図るとともに，外国における生活経験を生かすなどの適切な指導を行うものとする。
  イ 日本語の習得に困難のある児童については，個々の児童の実態に応じた指導内容や指導方法の工夫を組織的かつ計画的に行うものとする。特に，通級による日本語指導については，教師間

の連携に努め，指導についての計画を個別に作成することなどにより，効果的な指導に努めるものとする。
　(3)　不登校児童への配慮
　　ア　不登校児童については，保護者や関係機関と連携を図り，心理や福祉の専門家の助言又は援助を得ながら，社会的自立を目指す観点から，個々の児童の実態に応じた情報の提供その他の必要な支援を行うものとする。
　　イ　相当の期間小学校を欠席し引き続き欠席すると認められる児童を対象として，文部科学大臣が認める特別の教育課程を編成する場合には，児童の実態に配慮した教育課程を編成するとともに，個別学習やグループ別学習など指導方法や指導体制の工夫改善に努めるものとする。
　　第5　学校運営上の留意事項
1　教育課程の改善と学校評価等
　ア　各学校においては，校長の方針の下に，校務分掌に基づき教職員が適切に役割を分担しつつ，相互に連携しながら，各学校の特色を生かしたカリキュラム・マネジメントを行うよう努めるものとする。また，各学校が行う学校評価については，教育課程の編成，実施，改善が教育活動や学校運営の中核となることを踏まえ，カリキュラム・マネジメントと関連付けながら実施するよう留意するものとする。
　イ　教育課程の編成及び実施に当たっては，学校保健計画，学校安全計画，食に関する指導の全体計画，いじめの防止等のための対策に関する基本的な方針など，各分野における学校の全体計画等と関連付けながら，効果的な指導が行われるように留意するものとする。
2　家庭や地域社会との連携及び協働と学校間の連携　教育課程の編成及び実施に当たっては，次の事項に配慮するものとする。
　ア　学校がその目的を達成するため，学校

や地域の実態等に応じ，教育活動の実施に必要な人的又は物的な体制を家庭や地域の人々の協力を得ながら整えるなど，家庭や地域社会との連携及び協働を深めること。また，高齢者や異年齢の子供など，地域における世代を越えた交流の機会を設けること。
　イ　他の小学校や，幼稚園，認定こども園，保育所，中学校，高等学校，特別支援学校などとの間の連携や交流を図るとともに，障害のある幼児児童生徒との交流及び共同学習の機会を設け，共に尊重し合いながら協働して生活していく態度を育むようにすること。
　　第6　道徳教育に関する配慮事項
　道徳教育を進めるに当たっては，道徳教育の特質を踏まえ，前項までに示す事項に加え，次の事項に配慮するものとする。
1　各学校においては，第1の2の(2)に示す道徳教育の目標を踏まえ，道徳教育の全体計画を作成し，校長の方針の下に，道徳教育の推進を主に担当する教師（以下「道徳教育推進教師」という。）を中心に，全教師が協力して道徳教育を展開すること。なお，道徳教育の全体計画の作成に当たっては，児童や学校，地域の実態を考慮して，学校の道徳教育の重点目標を設定するとともに，道徳科の指導方針，第3章特別の教科道徳の第2に示す内容との関連を踏まえた各教科，外国語活動，総合的な学習の時間及び特別活動における指導の内容及び時期並びに家庭や地域社会との連携の方法を示すこと。
2　各学校においては，児童の発達の段階や特性等を踏まえ，指導内容の重点化を図ること。その際，各学年を通じて，自立心や自律性，生命を尊重する心や他者を思いやる心を育てることに留意すること。また，各学年段階においては，次の事項に留意すること。
　(1)　第1学年及び第2学年においては，挨

拶などの基本的な生活習慣を身に付けること，善悪を判断し，してはならないことをしないこと，社会生活上のきまりを守ること。
(2) 第3学年及び第4学年においては，善悪を判断し，正しいと判断したことを行うこと，身近な人々と協力し助け合うこと，集団や社会のきまりを守ること。
(3) 第5学年及び第6学年においては，相手の考え方や立場を理解して支え合うこと，法やきまりの意義を理解して進んで守ること，集団生活の充実に努めること，伝統と文化を尊重し，それらを育んできた我が国と郷土を愛するとともに，他国を尊重すること。

3 学校や学級内の人間関係や環境を整えるとともに，集団宿泊活動やボランティア活動，自然体験活動，地域の行事への参加などの豊かな体験を充実すること。また，道徳教育の指導内容が，児童の日常生活に生かされるようにすること。その際，いじめの防止や安全の確保等にも資することとなるよう留意すること。
4 学校の道徳教育の全体計画や道徳教育に関する諸活動などの情報を積極的に公表したり，道徳教育の充実のために家庭や地域の人々の積極的な参加や協力を得たりするなど，家庭や地域社会との共通理解を深め，相互の連携を図ること。

[資料５]

学校図書館法

(1953年８月８日公布・1954年４月１日施行，法律第185号)
(2015年６月24日改正・2016年４月１日施行，法律46号)

（この法律の目的）
第１条 この法律は，学校図書館が，学校教育において欠くことのできない基礎的な設備であることにかんがみ，その健全な発達を図り，もつて学校教育を充実することを目的とする。

（定義）
第２条 この法律において「学校図書館」とは，小学校（義務教育学校の前期課程及び特別支援学校の小学部を含む。），中学校（義務教育学校の後期課程，中等教育学校の前期課程及び特別支援学校の中学部を含む。）及び高等学校（中等教育学校の後期課程及び特別支援学校の高等部を含む。）（以下「学校」という。）において，図書，視覚聴覚教育の資料その他学校教育に必要な資料（以下「図書館資料」という。）を収集し，整理し，及び保存し，これを児童又は生徒及び教員の利用に供することによつて，学校の教育課程の展開に寄与するとともに，児童又は生徒の健全な教養を育成することを目的として設けられる学校の設備をいう。

（設置義務）
第３条 学校には，学校図書館を設けなければならない。

（学校図書館の運営）
第４条 学校は，おおむね左の各号に掲げるような方法によつて，学校図書館を児童又は生徒及び教員の利用に供するものとする。
1　図書館資料を収集し，児童又は生徒及び教員の利用に供すること。
2　図書館資料の分類排列を適切にし，及びその目録を整備すること。
3　読書会，研究会，鑑賞会，映写会，資料展示会等を行うこと。
4　図書館資料の利用その他学校図書館の利用に関し，児童又は生徒に対し指導を行うこと。
5　他の学校の学校図書館，図書館，博物館，公民館等と緊密に連絡し，及び協力すること。
② 学校図書館は，その目的を達成するのに支障のない限度において，一般公衆に利用させることができる。

（司書教諭）
第５条 学校には，学校図書館の専門的職務を掌らせるため，司書教諭を置かなければならない。
② 前項の司書教諭は，主幹教諭（養護又は栄養の指導及び管理をつかさどる主幹教諭を除く。），指導教諭又は教諭（以下この項において「主幹教諭等」という。）をもつて充てる。この場合において，当該主幹教諭等は，司書教諭の講習を修了した者でなければならない。
③ 前項に規定する司書教諭の講習は，大学その他の教育機関が文部科学大臣の委嘱を受けて行う。
④ 前項に規定するものを除くほか，司書教諭の講習に関し，履修すべき科目及び単位その他必要な事項は，文部科学省令で定める。

（学校司書）
第６条 学校には，前条第１項の司書教諭のほか，学校図書館の運営の改善及び向上を図り，児童又は生徒及び教員による学校図書館の利用の一層の促進に資するため，専ら学校図書館の職務に従事する職員（次項において「学校司書」という。）を置くよう努めなければならない。
② 国及び地方公共団体は，学校司書の資質の向上を図るため，研修の実施その他の必要な措置を講ずるよう努めなければならな

い。
(設置者の任務)
第7条 学校の設置者は，この法律の目的が十分に達成されるようその設置する学校の学校図書館を整備し，及び充実を図ることに努めなければならない。
(国の任務)
第8条 国は，第6条第2項に規定するもののほか，学校図書館を整備し，及びその充実を図るため，次の各号に掲げる事項の実施に努めなければならない。
 1 学校図書館の整備及び充実並びに司書教諭の養成に関する総合的計画を樹立すること。
 2 学校図書館の設置及び運営に関し，専門的，技術的な指導及び勧告を与えること。
 3 前2号に掲げるもののほか，学校図書館の整備及び充実のため必要と認められる措置を講ずること。

       附　則　（抄）
(施行期日)
1 この法律は，昭和29年4月1日から施行する。
(司書教諭の設置の特例)
2 学校には，平成15年3月31日までの間（政令で定める規模以下の学校にあつては，当分の間），第5条第1項の規定にかかわらず，司書教諭を置かないことができる。

       附　則
     （平成26年6月27日法律第93号）
(施行期日)
1 この法律は，平成27年4月1日から施行する。
(検討)
2 国は，学校司書（この法律による改正後の学校図書館法（以下この項において「新法」という。）第6条第1項に規定する学校司書をいう。以下この項において同じ。）の職務の内容が専門的知識及び技能を必要とするものであることに鑑み，この法律の施行後速やかに，新法の施行の状況等を勘案し，学校司書としての資格の在り方，その養成の在り方等について検討を行い，その結果に基づいて必要な措置を講ずるものとする。

さくいん

あ行

アイスナー　56
愛着　13
アイデンティティ　18
アヴェロンの野生児　63
アクティブ・ラーニング　105, 166
足利学校　84, 85
アセスメント（評価）　29
アニミズム　11
アリエス　64
医学所　85
生きる力　73, 111, 120, 127
一次的ことば　16
一般学校規程　77
遺伝　3
インターネット　170
ウィギンズ　53
ヴィゴツキー　12
ウェクスラー式知能検査　29
上杉憲実　85
内村鑑三不敬事件　88
栄養教諭　149
営利企業等への従事等の制限　158
エス　7
『エミール』　64, 77
エリクソン　7
延滞模倣　11
オーズベル　44
落ちこぼれ　95, 120
オペラント行動　35
オペラント条件づけ　33, 39

オルタナティブ・スクール　30
音楽科　128

か行

快元　85
外言　12
外国語活動　102
外国語指導助手　150
開成所　85
外発的動機づけ　38, 39
学芸員　143
格差社会　171
学習　3, 31
学習指導　46, 49
学習指導要領　54, 71, 72, 73, 94, 95, 104, 105, 108, 109, 116, 119, 120, 121, 125, 128, 129, 135, 141, 165, 169, 177
学習指導要領一般編　94
学習障害　20, 25
学習センター　126, 133, 178
学習の認知説　32, 35, 39
学習の連合説　32
学制　69, 86
学制改革に関する決定　80
学童疎開　91
学力テスト　51
重ね着症候群　28
過剰正当化効果（アンダーマイニング効果）　39
仮説演繹的思考　15
学校　62, 69, 74, 75, 76
学校医　151

学校運営協議会　146, 165
学校栄養職員　151
学校介護職員　107, 151
学校監督法　77
学校教育　62, 69, 71, 79, 83, 88, 92, 94, 101, 102, 104, 133, 164
学校教育法　70, 71, 92, 108, 111, 141, 149, 154
学校教育法施行規則　93, 102, 141, 175
学校経営計画　160
学校建築　152
学校司書　58, 135, 150, 156, 175, 176, 177, 179, 184
学校司書のモデルカリキュラム　184
学校施設整備指針　152
『学校と社会』　65
学校図書館　65, 73, 93, 106, 112, 119, 121, 124, 125, 126, 128, 129, 130, 132, 133, 134, 152, 169, 171, 173, 174, 175
学校図書館ガイドライン　135, 179
学校図書館基準　175
学校図書館司書教諭講習規程　149
『学校図書館の手引』　93, 124, 175
学校図書館の利用指導　125, 126
学校図書館法　93, 133, 135, 141, 156, 175, 177

学校の情報化 127
家庭科 92
家庭教育 62
課程主義（修得主義） 105
金沢文庫 83
カリキュラム 100, 101, 103
カリキュラム・マネジメント 111, 112, 121, 134, 165
苅谷剛彦 172
川本宇之介 89
感覚過敏 21
感覚記憶 36
環境 3
環境閾値説 3
環境主義 3
看護師 151
間接的支援 179, 180
完全習得学習（マスター・ラーニング） 42
館長 135
カント 63
記憶 35
機械学習 46
寄宿舎指導員 151
技術職員 150
基本的信頼 12
基本的信頼感 7
基本的不信感 8
義務教育 69, 70, 77, 80, 81
義務教育の段階における普通教育に相当する教育の機会の確保等に関する法律 141
逆コース 95
客観テスト 51
キャロル 42

ギャング・エイジ 16
ギャング集団 16
教育 62, 63, 74, 86
教育，学術及び文化の振興に関する総合的な施策の大綱 145
教育委員会 92, 117, 144
教育委員会事務局 145
教育委員会法 92, 94
教育改革の方向性 172
教育課程 71, 95, 100, 101, 102, 103, 104, 105, 106, 108, 111, 116, 117, 119, 121, 124, 134
教育機器 127
教育基本法 69, 74, 92, 111, 140, 159
教育行政 143
教育計画 101, 104, 111
教育指導への支援 179, 180
教育職員免許状（教員免許） 148
教育職員免許法 141, 148
教育測定 50
教育測定運動 49, 50
教育長 145
教育勅語 81, 88, 92
教育内容 104
教育評価 48, 49, 50, 53, 54, 57
教育を受ける権利 66
教員サポート 179
教員の職制 149
教科課程 101
強化子 35
教科書 72, 105, 124, 126
教科書の発行に関する臨時措置法 105

教科中心カリキュラム 103, 105
教科用図書検定基準 105
教職員の量と質 106
教職課程 148
教職課程コア・カリキュラム 166
共生社会 30
行政的決定過程 106
教頭 149, 155, 156
共同注意 14
教諭 149
キリシタン学校 85
キリシタン版 85
キリスト教 76, 85
均衡化 6
近代学校制度の3原則 77
勤労動員 91
空海 83
グーデンベルク 76
クラウダー 41
クロンバック 46
経験主義 120, 121
経験説 3
経験中心カリキュラム 103, 104
系統主義 120
警備員 151
ケーラー 32
ゲシュタルト心理学 32
ゲゼル 3
限局性学習症 25
言語 12
言語活動 132
言語活動の充実 112, 128, 171
言語環境 130, 171
言語能力 112, 121
原始反射 10

さくいん | 211

研修　157, 159
検定教科書　95
語彙爆発　12
工学的アプローチ　57
公共　165
公共図書館　135, 170
講師　149
校長　135, 149, 154, 156
高等教育　162
行動主義心理学　32
高度経済成長　95
公文書　161
公民館主事　143
校務分掌　112, 135, 154, 160
公立義務教育諸学校の学級編制及び教職員定数の標準に関する法律　107, 176
公立高等学校の設置，適正配置及び教職員定数の標準等に関する法律　176
合理的配慮　30
ゴールドン　3
ゴール・フリー評価　56
国学　83
国語科　124, 125, 128
国定教科書　88, 90, 91, 92
国民皆学　86
国民学校　91
国民学校令　90
国民国家　77
国民精神総動員運動　90
心の居場所　179
五山の制　84
五山文学　84
個人情報管理　170
個人内評価　55
個性　30

個性重視の原則　171
5段階評定　54
国家総動員法　90
古典的条件づけ　33
子ども期　64, 77
子供の読書活動の推進に関する基本的な計画　142, 178
子どもの読書活動の推進に関する法律　142
個別学習システム（CAI）　42
個別作成テスト　51
コミュニケーション・スキル　30
コミュニティ・スクール　147, 164
コレクション構築　134
コンピュータ　127

さ行

澤柳政太郎　89
産業革命　77
サンフランシスコ講和条約　94
シーボルト　86
シェマ　5
ジェンセン　3
汐見稔幸　63
塩見昇　174
自我　7
識字率　86
自己意識　14
自己中心性　11
自己中心的言語　12
資質教育　81
私塾　86
司書　143
司書教諭　135, 149, 175, 180
司書補　143
施設・設備　106
視聴覚教材　124, 127
実在論　11
実習助手　150
指導教諭　149, 156
指導と評価の一体化　49, 54
児童の権利に関する条約　67, 68
児童の権利に関する宣言　65, 66
自発的微笑　13
師範学校令　87
自閉スペクトラム症　20, 21
市民革命　64, 77
事務職員　150, 156
社会科　92, 128
社会教育　62
社会教育委員　143
社会教育主事　143
社会教育法　141, 142
社会的微笑　13
自由学園　89
宗教革命　76
就業規則　157
自由研究の時間　121
修身　88
就巣性　9
集団的独言　12
自由7科　76
主幹教諭　149, 156
授業計画・実施・評価システム（CMI）　42
綜芸種智院　83
受験競争　95
主体的・対話的で深い学び

73, 105, 112, 121, 129, 133, 165, 166
シュタイナー　79
シュテルン　3
守秘義務　158
受容学習　43
循環反応　10
生涯学習　74, 184
生涯学習の振興のための施策の推進体制等の整備に関する法律　74, 142
障害者サービス　170
小学校　86
松下村塾　86
小学校令　87
情緒障害　27
象徴遊び　11
象徴機能　11
常同行動　21
昌平坂学問所　85
情報活用能力　112, 121, 127
情報管理　169
情報センター　126, 133, 169, 178
情報通信ネットワーク　127
情報リテラシー　112, 126, 127, 133
昭和恐慌　90
助教諭　149
職業教育　162
職務専念義務　158
書堂　80
人格（パーソナリティ）　7
新教育　92, 94, 103, 124, 174, 175
新教育運動　65, 69, 78
新行動主義心理学　32

真正の評価　53
進歩的変化　2
信用失墜行為の禁止　158
信頼性　51, 53
心理的離乳　17
随意運動　10
推論　15
スキーマ理論　37
スキナー　33, 40
スクールカウンセラー　151
スクールソーシャルワーカー　151
スクリヴァン　56
スタンドフォード・ビネー知能尺度　49
スプートニク・ショック　120
スミス・ヒューズ法　80
墨塗り教科書　92
性格テスト　51
生活綴方教育運動　90
成蹊小学校　89
政治的行為の制限　158
成熟　2, 3
成熟優位説　3
生祥児童文庫　174
成城小学校　89
精神障害　28
精緻化リハーサル　37, 46
成長　2
生得説　3
青年期自己中心性　16
生理的早産　10
生理的離乳　17
絶対評価　54
宣言的記憶（宣言的知識）　36
先行オーガナイザー　46

選好注視実験　10
全国学校図書館協議会　175
争議行為等の禁止　158
総合教育会議　145
総合的な学習の時間　102, 120, 125, 128
総合的な探究の時間　166
相互作用説　3
相対評価　54
ソーシャルスキル・トレーニング　30
ソーンダイク　49
測定　48
組織原理　104

た行

ターマン　49
第一次反抗期　14
第一次米国教育使節団　91
第一次ベビーブーム　95
大学別曹　83
大学寮（大学）　83
大正自由教育　88, 90, 92, 174
大正デモクラシー　88
対象の永続性　11
第二次反抗期　17, 23
第二次米国教育使節団　175
太平洋戦争　90
大宝律令　83
退歩的変化　2
タイラー　49
タイラー原理　50
脱中心化　14
妥当性　52, 53
田中ビネー式知能検査　29
多文化サービス　170

さくいん | 213

短期記憶　36
単純リハーサル　37
単線型学校制度　143
治安維持法　90
地域学校協働活動　164
チームとしての学校　148, 167, 184
知的障害　26
知能検査　27, 49
知能テスト　51
千葉師範学校附属小学校　89
地方教育行政の組織及び運営に関する法律　94, 142, 145
地方公務員法　155, 158, 159
地方財政措置　177
チャム集団　17
注意欠如・多動症　20, 22
中央教育審議会　108, 144, 163
中華人民共和国義務教育法　81
中学校令　87
長期記憶　36
超自我　7
調整　5
朝鮮教育令　81
調理員　151
直接的支援　179, 180
直線型プログラム学習　41
直観的思考　14
通級指導学級　29
通信制高校　30
ティーチング・マシーン　40, 42
『庭訓往来』　86
帝国大学令　87

ディスカリキュリア（算数障害）　25
ディスレクシア（識字障害）　25
適応機制　7
適応行動尺度　27
適性処遇交互作用（ATI）　46
デシ　39
テスト　51, 52
手続き的記憶（手続き的知識）　36
デューイ　65, 78, 121
寺子屋　86
電子資料　135
同化　5
動機づけ　38
東京市立余丁町尋常小学校　89
道徳　102, 165
道徳教育　112
道徳の時間　95
トールマン　32
読書活動　112, 124, 132, 171, 177
読書センター　133, 178
読書離れ　177
特別活動　102, 124, 125, 128
特別支援学級　29, 58
特別支援学校　29, 97, 107
特別支援教育　29
特別支援教育支援員　150
図書館法　142
ドモラン　78

な行

内言　12
内発的動機づけ　38, 39, 44
中村春二　89
奈良女子高等師範学校附属小学校　89
鳴滝塾　86
喃語　12
二次的ことば　16
二次的就巣性　9
二次的障害　27
日常生活動作　26
日本国憲法　68, 91, 92, 140, 157
認知　10
認知心理学　32
ネットワーク情報源　135
年間指導計画　118
年齢（年数）主義（履修主義）　105

は行

ハーロー　12
配列原理　105
ハヴィガースト　5
博物館法　142
働き方改革　148, 167
発見学習　43
発達　2, 3, 63, 105
発達課題　5
発達障害　20, 27, 28, 30
発達障害者支援センター　29
発達障害者支援法　20
発達段階　4
バトラー法　79
塙保己一　86
羽仁もと子　89
パフォーマンス評価　53, 56
パブロフ　33

林羅山　85
般化　33
反抗挑戦性障害　23
藩校（藩学）　85
反射　10
蕃書調所　85
ピアジェ　3, 5, 12, 32
ピア集団　17
美術科　128
人見知り　13
ビネー　49
評価　48
評価規準　56
評価基準　56
標準テスト　51
標準偏差　54
表象機能　11
評定　48
広田照幸　171
フィッシャー法　77
フェリー法　77
フォスター法　77
部活動指導員　151
副校長　149, 156
輻輳説　3
服務　157
フランシスコ・ザビエル　85
ブルーナー　43
ブルーム　42
フレーベル　78
プレマック　35
プレマックの原理　35
フロイト　7
プログラム学習　40, 42
文化大革命　80
分岐型プログラム学習　41

文書管理規定　161
分離不安　13
並存障害　28
ペスタロッチ　78
ヘッド・スタート計画　80
ヘルバルト　65, 78
弁別刺激　35
北条（金沢）実時　83
法治主義　143
ボウルビィ　13
ポートフォリオ評価　53
ポール・ラングラン　74
保存性の概念　14
ボローニャ大学　76

■ま行
マーシャ　18
満州事変（15年戦争）　90
三ツ山課題　11
明治維新　83, 86
メタ認知　38
メディア　72
文字・活字文化振興法　142, 177
問題行動　27
問題発見・解決能力　112, 121
モンテッソーリ　79
文部科学省　143
文部科学省設置法　108

■や行
有意味学習　46
有意味受容学習　46
ゆとり　95, 120, 172
養護教諭　149
用務員　151

吉田松陰　86
欲求・衝動（リビドー）　7
読み書き能力（識字）　63
四段階教授法　65, 78

■ら行・わ行
ラーメン・プラン　79
羅生門的アプローチ　57
ランジュヴァン・ワロン改革案　79
履修原理　105
離巣性　9
リハーサル　37
臨時教育審議会　171
ルーブリック　56
ルソー　64, 77
ルター　76
ルネサンス運動　76
ローレンツ　3
論文体テスト　51
論理的思考　15
和学講談所　86
ワトソン　3

■アルファベット
DAISY　図書　170
DSM-5　21, 23, 25, 26, 29
GHQ　91, 94, 175
ICD-10　29
ICT　支援員　150
IQ（知能指数）　27, 49
LL　ブック　170
OECD　107, 127
PDCA　サイクル　103
PISA　調査　127
QOL（生活の質）　29, 74

[編著者]
　野口　武悟（のぐち・たけのり）
　　　　1978年生まれ，栃木県出身
　　　　筑波大学大学院図書館情報メディア研究科博士課程修了
　　　　博士（図書館情報学）
　　現在　専修大学文学部教授
　　主著　『多様性と出会う学校図書館：一人ひとりの自立を支える合理的配慮へのアプローチ』（編著，読書工房），『改訂新版 学校経営と学校図書館』（編著，放送大学教育振興会），『図書館のアクセシビリティ：「合理的配慮」の提供へ向けて』（編著，樹村房）
　　Ⅱ部（5章，6章，7章），Ⅳ部（11章，14章）

　鎌田　和宏（かまた・かずひろ）
　　　　1963年生まれ，東京都出身
　　　　東京学芸大学大学院教育学研究科修了
　　　　教育学修士
　　現在　帝京大学教育学部教授
　　主著　『小学生の情報リテラシー：教室・学校図書館で育てる』（少年写真新聞社），『入門情報リテラシーを育てる授業づくり：教室・学校図書館・ネット空間を結んで』（少年写真新聞社），『先生と司書が選んだ調べるための本：小学校社会科で活用できる学校図書館コレクション』（編著，少年写真新聞社）
　　Ⅲ部（8章，9章，10章），Ⅳ部（12章，13章）

[執筆者]
　山村　豊（やまむら・ゆたか）
　　　　1973年生まれ，新潟県出身
　　　　立正大学大学院文学研究科博士後期課程単位取得満期退学
　　　　博士（文学）
　　現在　桜美林大学教育探究科学群教授
　　主著　『系統看護学講座・心理学』（編著，医学書院），『社会調査士シリーズ第5巻・社会調査の基礎』（編著，弘文堂），『学びのための心理学』（編著，北樹出版），『図解雑学・発達心理学』（共著，ナツメ社）
　　Ⅰ部（1章，2章，3章，4章）

[コラム執筆者]
　高桑弥須子（市川市立行徳小学校学校司書）コラム1
　入川加代子（鳥取大学附属特別支援学校司書）コラム2
　木下　通子（埼玉県立浦和第一女子高校担当部長兼主任司書）コラム3
　金澤磨樹子（東京学芸大学附属世田谷小学校司書）コラム4

学校司書のための学校教育概論

2019年3月28日　初版第1刷発行
2024年2月20日　初版第2刷

〈検印省略〉

編著者 ©　野口　武悟
　　　　　鎌田　和宏

発行者　大塚　栄一

発行所　株式会社　樹村房
　　　　　　　　　JUSONBO

〒112-0002
東京都文京区小石川5-11-7
電　話　03-3868-7321
ＦＡＸ　03-6801-5202
振　替　00190-3-93169
http://www.jusonbo.co.jp/

印刷　亜細亜印刷株式会社
製本　有限会社愛千製本所

ISBN978-4-88367-316-2　乱丁・落丁本は小社にてお取り替えいたします。